山陰文化ライブラリー 16

# 古代出雲ゼミナール Ⅵ

—古代文化連続講座記録集—

島根県古代文化センター 編



ハーベスト出版

# はじめに

日々刻々と研究が進む古代史研究の成果を一般の方にわかりやすくお伝えするために創刊した本シリーズもご好評をいただき、六冊目を刊行することができました。今回は、第一部に平成三十年十一月に東京都内で開催した「古代出雲文化シンポジウム・玉が語る古代出雲の輝き」の模様をまとめました。古代王権の儀礼を精神的に支えた古代の玉や、その産地である古代出雲世界の実像について、歴史学・考古学・民俗学のそれぞれの視点で先生方に語っていただきました。

第二部は、東京都内と大阪市内で開催した講演会のなかから、古代史と考古学の講演三本を選びました。いずれも古代出雲の地域間交流をテーマに、『出雲国風土記』等からうかがえる古代出雲の交流、日本海を介した幅広い水上交通の様相、そして古墳に見られる様々な様相から、古代出雲の交流の具体像に迫る充実した内容の講演となっております。

第三部は、東京都内と松江市内で開催した講演会から、古代出雲をはじめとする仏教文化をテーマに、お二人の先生に述べていただいた内容をまとめました。とかく神話から語られることの多い古代出雲ですが、仏教を題材に新しい切り口によって古代の様子を語っていただきました。
今回も多彩な講師陣から最新の古代史研究を解説いただきました。皆様の知的好奇心が満たされれば幸いです。

島根県古代文化センター

# 目次

■本書は平成三十（二〇一八）年度に島根県が開催したシンポジウム及び連続講座の講演録です。
■本書に掲載した講座の開催場所等は以下のとおりです。
第一部　シンポジウム「玉が語る古代出雲の輝き」
主催：島根県／島根県教育委員会　会場：有楽町朝日ホール
第二部・第三部
①『島根県古代文化講座　最新研究が拓く出雲国風土記の世界』
主催：島根県古代文化センター　会場：日比谷コンベンションホール
②『島根学講座ＩＮ大阪』
主催：島根県　会場：大阪歴史博物館
③『出雲国風土記連続講座』
主催：島根県古代文化センター　会場：松江テルサ
■講師の所属・職名は講演日時点のものです。
■掲載写真のうち、特に注記がないものは島根県古代文化センターの撮影・所蔵です。

【第1部】玉が語る　古代出雲の輝き

# 神話と玉の古代史（基調講演）

瀧音能之 先生

# 一、古代人と玉

みなさん、こんにちは。瀧音でございます。今、ご紹介いただきましたように、神話の中に玉がどのように出てくるかということを、大掴みにお話させていただきます。

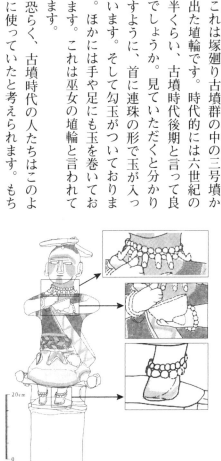

勾玉と日本人の関係は非常に深く、実は縄文時代くらいから玉を身につけています。例えば、最初に群馬県の塚廻《つかまわ》り古墳群の例を一つ図にして持ってまいりました。

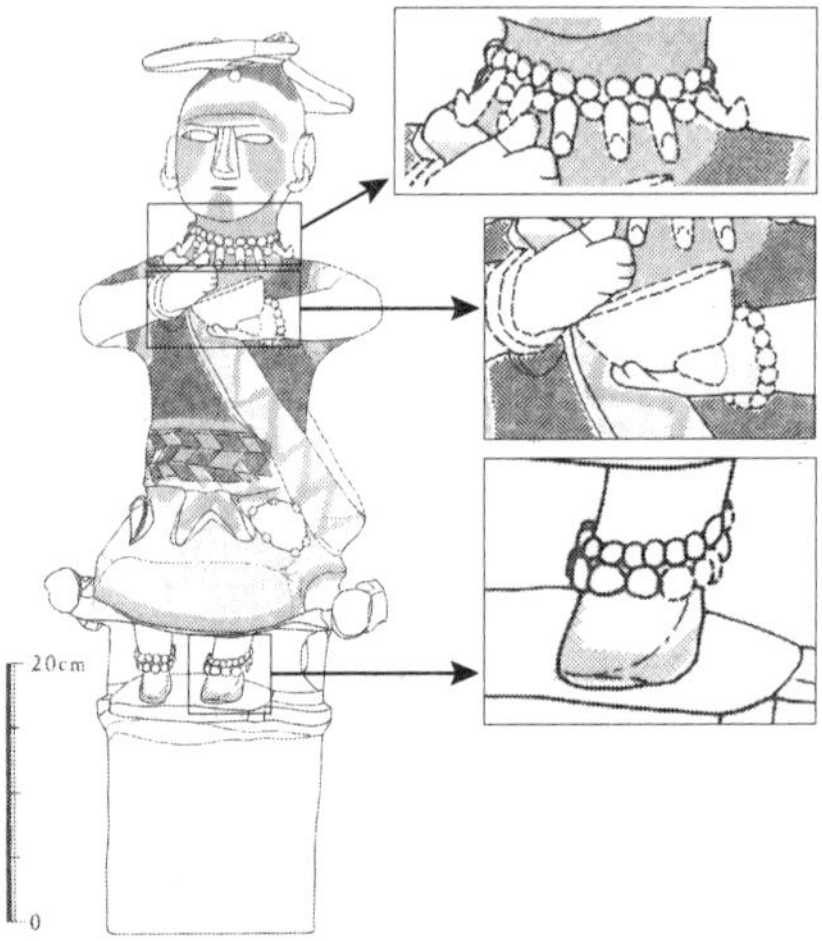

図１　勾玉を着けた埴輪（塚廻り3号墳）
（出典：『塚廻り古墳群』群馬県教育委員会、1980年に一部加筆）

これは塚廻り古墳群の中の三号墳から出た埴輪です。時代的には六世紀の後半くらい、古墳時代後期と言って良いでしょうか。見ていただくと分かりますように、首に連珠の形で玉が入っていています。そして勾玉がついております。ほかには手や足にも玉を巻いております。これは巫女の埴輪と言われています。

恐らく、古墳時代の人たちはこのように使っていたと考えられます。もちろん、なぜつけているのかというと、一つは装飾品としてです。今でもネックレスをすると思います。

それから、古代の場合は、玉には恐らくほかの力もあるのではないかと。それはご承知の方も多いと思いますが、玉は魂です。ですから、そういう呪力といいますか、呪的な力があるのではないかと言われております。

**瀧音能之**（たきおと・よしゆき）**先生**

駒澤大学文学部教授
1953年、北海道生まれ。早稲田大学第一文学部卒業。文学博士。専門は日本古代史。主な著書に『出雲古代史論攷』（岩田書院）、『出雲国風土記と古代日本』（雄山閣出版）、「風土記から見る日本列島の古代史」（平凡社）、『風土記と古代の神々』（平凡社）など。

## 二、神霊《しんれい》の象徴としての玉

多くの文献に玉の話が出てまいります。今日は特に『古事記』と『日本書紀』、それから、『風土記』という史料を使って皆様にご紹介したいと思います。

『古事記』や『日本書紀』と大体同年代の奈良時代の初めから中くらいにかけて、『風土記』というものが全国に作られております。

島根県で申しますと、およそ東半分が出雲国です。ここには、出雲国について記した『出雲国風土記』が残っておりまして、内容的にも他国の『風土記』と異なり、ほぼ完全な形で残っております。そこから色々な材料をえることができます。

それでは、『出雲国風土記』を見ますと、実は興味深い記事が出ています。というのは、オオクニヌシ神、いうまでもなく出雲大社の祭神です。オオクニヌシ神が、『出雲国風土記』では「所造天下大神」（天の下造らしし大神）と出てきます。つまり、天下をお造りになった大神様というように出てきます。その神が今の安来の辺り、古代では母理郷《もりごう》の長江山まで来て言葉を発するのです。

それは何かと言いますと、少し不思議なことが書いてあります。「越《こし》の八口《やぐち》を平け賜ひて」と出てきます。越の八口を征服して戻って来て、ここで言葉を発したというのです。越の八口、これは越ですから北陸です。そして八口を平定したと言うのですが、スサノオの越のヤマタノオロチ退治と少し似ているところがあります。

ただ、片方はオオクニヌシ、片方はスサノオです。越は同じですが、片方はヤマタノオロチで、片方は八口と、違うところもありますので、簡単にくっつけてはいけないかと思うのですが、興味深いのは、『出雲国風土記』にはスサノオのヤマタノオロチ、これについては一文字も出てきません。ということもあって、このオオクニヌシの越の八口平定というのは、大変興味深い史料になるかと思います。

【史料1】〔出雲国風土記〕

天の下造らしし大神、大穴持命《おおあなもちのみこと》、越《こし》の八口を平《たい》け賜《たま》ひて、還りましし時、長江《ながえ》山《やま》に来まして詔りたまひしく、「我が造りまして命らす国は、皇御孫命《すめみまのみこと》、平らけくみ世知らせと依《よ》さしまつらむ。但、八雲立つ出雲国は、我が静まります国と、青垣《あおがき》山廻《やまめぐ》らし賜ひて、玉珍《たま》置《お》き賜ひて守りたまはむ」と詔《の》りたまひき。

そのことにつきましては少し置いておきまして、そこへ行きまして何を言うかというと、「地上の国は皇孫に譲ります」、天皇家の先祖にあたる「アマテラスの孫に譲る」と言うのです。まるで『出雲国風土記』版の国譲り神話です。

これに対して『古事記』・『日本書紀』で見ますと、オオクニヌシは非常に消極的というか、のらりくらりです。高天原《たかまのはら》からタケミカヅチなど、猛々しい神々がやって来まして、稲佐浜という出雲大社から一番近い海の浜辺に来まして、剣を逆さまに刺して、その上に胡坐《あぐら》をかいて「どうだ」と国を譲るように迫ります。オオクニヌシはそこで「子どものコトシロヌシに聞いてくれ」とか、『古事記』ですと、くわえて「タケミナカタにも聞いてくれ」と言って、はっきり自分でものを言いません。

ところが、『出雲国風土記』の場合は、自分から「国を譲ります」と言うのです。随分違います。その代わりに条件が付きます。「ただ、出雲国は譲りません」というように、これまた強い断言です。そして、玉を自分の御神体の代わりにして、出雲の地域は守って、譲らないということが『出雲国風土記』には書かれています。

これを素直にとりますと、「あれ、オオクニヌシの御神体というのは玉なのか」と思います。神にとって神体というのはきわめて重要なものですが、いくつかオオクニヌシには名前にあります。オオクニヌシだとか、ヤチホコノカミだとか。ですから、そういうものから私たちは想像するより他はないのですが、『出雲国風土記』を見ると、はっきり玉と書いてあるのです。

ただ、私たちは、オオクニヌシの神体が玉というと、少し違和感があることは事実です。例えば鉾などの武器、そういうものであれば「うん」と頷くのですが、ただ、『出雲国風土記』には先のように出ているので、これは非常に興味深い。つまり、玉がオオクニヌシの神体を表している、神霊を表しているということが言えるのではないかと思います。

ただ、「そういうことを言うけれども、それはオオクニヌシだけではないのか」とおっしゃるかもしれませんが、もう一つ、『筑前国風土記』の一部分に、こういう記事も実は残っています。そこには「宗像の神体というのは玉である」ということが出てくるのです。

**【史料2】〔筑前国風土記〕逸文**

胸肩の神体、玉たるの由、風土記に見ゆ。

そうしますと、これはオオクニヌシだけではないということになります。宗像は女神が三人で一セットです。そういう宗像の神も神体が玉であるということが、ここから窺うことができるのです。ですから、玉というのは、単に装飾品や呪術に使う道具ではなくて、言ってしまえば最高のそういった呪的なものと言って良いのではないかと思います。

## 三、スサノオ神とアマテラス大神のウケイ

では、玉というものが実際、神話の中にどのように出てくるか、今日は二つのテーマを用意いたしました。一つは、スサノオとアマテラスの誓約（ウケイ）の場面です。それから、もう一つは、三種の神器の話です。

まず、ウケイの場面を少し考えてみたいと思います。日本神話ではスサノオと、その姉神のアマテラス、それからツキヨミ、もしくはツクヨミというように呼んでいますが、この三柱の神が生まれます。日本神話では、非常に格が高い三人の子どもということで三貴子と言われます。

三貴子として生まれるのですが、どうもスサノオだけは乱暴者で、言うことを聞きません。大きくなっても泣いてばかりで、父神のイザナキの言うことを聞かない。ついに、追放されてしまう。そうすると、スサノオはその前に姉神のアマテラスのところへ別れを告げに行こうと高天原へおもむきますが、姉神は用心をします。「私の国を取りに来たのではないか」ということで武装して迎えます。『古事記』・『日本書紀』にはそのように出てきます。

そうしますと、スサノオは「違います。姉神にひと言お別れを言いたい。邪心などありません」と言います。それでは「証拠を見せろ」となって出てくるのがこのウケイです。

ウケイというのは、説明すると厄介です。「未来のまだ分からぬことを、今、分かることで説明する」、何だか説明になっていませんよね。具体的にいうと、本日お集りの皆様方は大体分かってくださると思うのですが、「明日、天気になれ」という靴投げです。下駄投げです。

多分、運動会や遠足の前に靴を投げたと思います。この靴投げがまさに現代のウケイです。ですから、ウケイは一種類ではありませんが、そういう未来を占うのに、今、分かる方法で試すということです。

どういうことをやるかと申しますと、『古事記』と『日本書紀』でそれぞれ違うのですが、『古事記』の場合は非常に分かりやすい話です。図にいたしましたけれども、スサノオとアマテラス、それぞれ、スサノオが剣を、アマテラスが玉を持っております。この剣や玉を物実《ものざね》という言い方をします。それをお互いに噛み砕くのです（図2）。

例えばアマテラスですと、スサノオの剣をガンガンと三段に折って、「フー」と息を吐きます。すると、神の息吹からは神が出てくるのです。その結果、出たのが宗像の三女神、宗像の神ということになります。

次いでスサノオがアマテラスの玉を噛み砕くのです。噛み砕いて「フー」と吐くと、五人の男神が出てきます。アメノオシホミミとかアメノホヒとかといった、日本神話では重要な神が生まれます。

そしてどうなるのかと言いますと、アマテラスが生んだのだから、宗像の三女神はアマテラスの子どもと思うのですが、これが違うのです。この辺りからだんだん厄介になります。『日本書紀』はもっと複雑になるのですが、それはのちにふれることにして、とにかくアマテラスはスサノオの剣で三人の女神を生みました。ですから、剣の持ち主のスサノオが三女神の親ということになるのです。同様に、アマテラスの玉から生まれた男神、これがアマテラスの子どもということになります。

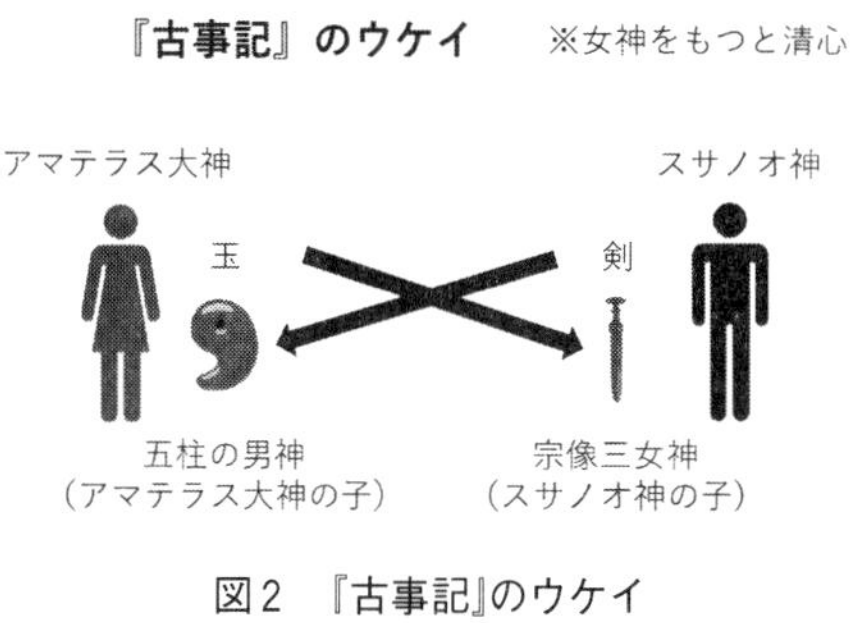

図2 『古事記』のウケイ

どういうことになるのかというと、スサノオが絶対に勝たなければいけないのです。神話のストーリー的に。そうしないと、次の高天原へスサノオが入って、そこで乱暴の限りを尽くすというストーリーに移っていかないのです。そういうわけでスサノオが勝つのですが、『古事記』の場合は、スサノオは「私は優しい女神を私の子どもとして生みました。ですから、私の心には、一つも邪心がありません」と言うのです。これで『古事記』の場合はスサノオの勝ちとなりまして、アマテラスは「申し訳ない。私が勘違いしていた」と言うので、アマテラスはスサノオを自分の支配領域である高天原に入れるということになります。

これですと一番話が分かるのですが、『日本書紀』ですと少しこんがらがってきます。例えば『日本書紀』は、第六段がその該当部分ですが、本文（図3）のあと、一書《あるふみ》という形で、別伝承が出てくるのです。それが一つや二つなら良いのですが、八つも十も出てくるのです。本文のあとに別伝承が出てくるというのは、恐らくこれは各氏族、当時の古代氏族たちのために公平性を保つという意図が一方にはあるのだと思うのですが、読むにつれて次第にこんがらがってきてしまいます。私もだんだん混乱してきまして、最後のほうは「この本文、どこで終わったのか」となりまして、一書が全部終わったあと、本文になっても何か見当がつかない錯覚に陥ることがあります。

それはともかくとしまして、『日本書紀』を見ますと、原則として、男の神様を持ったほうが勝ちになるのです。『古事記』は逆です。女の神様を持ったほうが手弱女《たおやめ》で勝ちなのですが、どうも『日本書紀』はそこからして違うのです。

どうして男の神を持つと勝ちなのかということなのですが、これも明確には分かっており

図3　『日本書紀のウケイ』①

ません。分かりませんが、一つこういうことが言われております。『日本書紀』には儒教の思想が反映されていると。『古事記』、『日本書紀』、『風土記』、奈良時代の初めから半ばくらいにできたものですから、もちろんすでに儒教が入っています。仏教も入っています。それから、道教というものも入っております。

ですから、そういったものが、色々ミックスされて『古事記』なり『日本書紀』ができてくるのですが、その儒教的な面が入っているのではないかと。儒教と申しますと思いつくのが男尊女卑です。これによって男神を持ったほうが正しいという言い分ではないかと思うのですが、「うーん」と首を傾げる方も出てくるのではないかと思います。

そういう『日本書紀』ですが、これを見ていきますと、「スサノオがアマテラスの玉で男神を生みました。アマテラスはスサノオの剣で女神を生みました」ということで、男神が勝ちということですから、これはスサノオの勝ちというのは意外としっくりいくのではないかと思います。

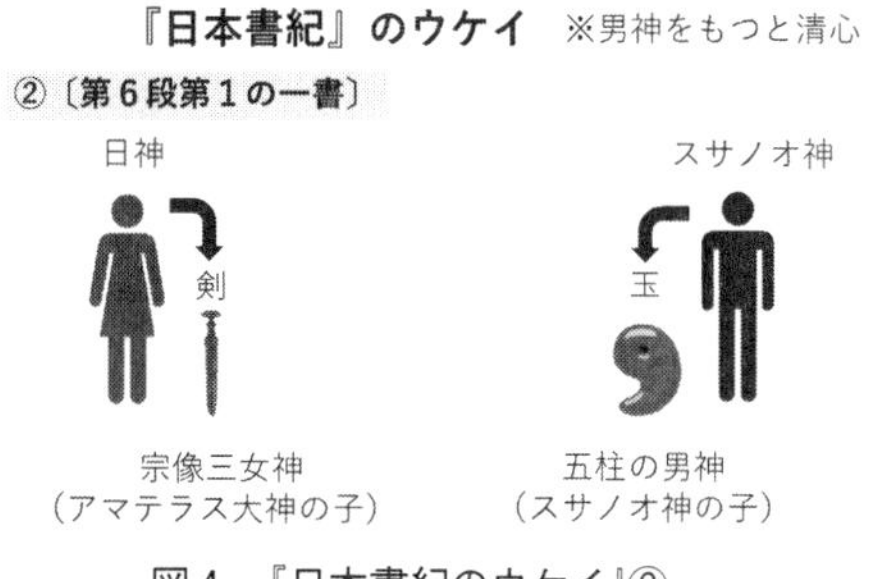

図4　『日本書紀のウケイ』②

ところが、第一の一書（図4）を見ていきますと、異伝のほうは少し変なのです。アマテラスは日の神として出てきます。日神とスサノオの関係になりますが、まず、日神のアマテラスが自分の十拳剣《とつかのつるぎ》で神を生みます。その結果、宗像の三女神を生む。スサノオは、自分が持っていた玉で男神を生みます。ですから、これは物実が大事ということなのです。スサノオが男の神様を生むので、スサノオの勝ちということになります。

次の第二の一書（図5）なのですが、これが少し分からないのです。アマテラスはスサノオの玉から女神を生みます。スサノオが今度はアマテラスの剣から男神を生みます。これで男神を持ったスサノオの勝ちということになるのですが、少しここで厄介なのは、ウケイをする前に、アマテラスとスサノオがそれぞれの玉と剣を交換しているのです。交換というひと手間が入っているのが厄介です。

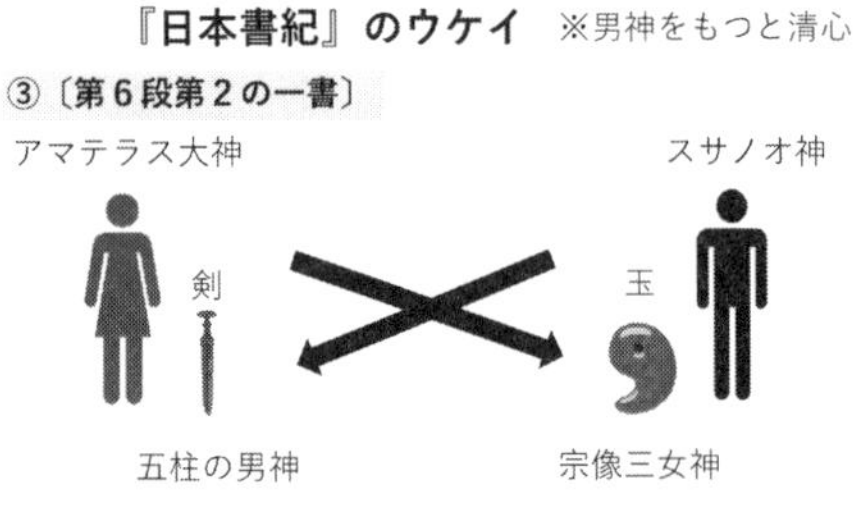


図5 『日本書紀のウケイ』③

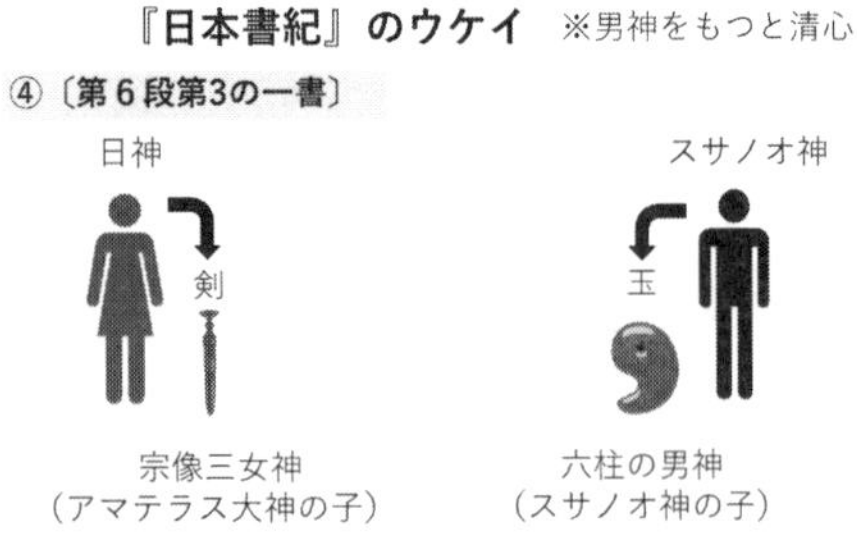


図6 『日本書紀のウケイ』④

それから、第三の一書（図6）、これは日神が自分の剣から宗像の三女神を生みます。スサノオは自分の玉から、今度は「六柱の男神を生む」と出てきます。普通、男神は五柱なのですが、ここだけ六柱になっているのが、細かく言うと問題になるところですが、ウケイはしております。

このように『日本書紀』まで入れますと、こ『古事記』だけ見ていると、割と納得がいくのですが、『日本書紀』まで入れますと、このようにずいぶんぐちゃぐちゃしてしまって、混乱しております。

ここで言いたいのは何かというと、一つは、要するにウケイ自体はスサノオが勝つという、これが前提になっています。それから、割と言われないのですが、玉がずいぶん大きな役割をしていることが分かります。つまり、玉と剣です。玉と剣といいますと、お対になるのが鏡となって、三種の神器のことが想定されるのではないでしょうか。

## 四、三種の神器のひとつとしての玉

そこで三種の神器について、少し考えてみたいと思います。三種の神器というのは割と聞き慣れた言葉ではないかと思うのです。例えば一九五〇年代、私たちの生活の中にも三種の神器というものが出てきました。何かと言いますと、白黒テレビ、あとは洗濯機、冷蔵庫。これが庶民の三種の神器だったのです。

ですから、この三種の神器という言葉、割と私たちの日常生活の中にも言われていたという話です。

ところが、現代はやけに堅苦しくなりまして、剣と玉と鏡で、天皇の位を象徴するもの、レガリアなどと言われます。それを持っている者が天皇であるというような、そういう代名詞みたいになっているのです。

ところが、これを単純に考えますと、「大昔からそうだったのであろう」、「古代からそうであったのだろう」と思いがちですが、意外とそうでもないように私は思っています。

それから、結論を先に言いますと、三種の神器の中でも、どうも剣と鏡というのが実は重要だという考えがあるのです。それに対しまして、今日は、「玉こそ大事ではないか」と言って、みなさんのご批判を仰ぎたいと考えています。

三種の神器というのは、実はそんなに古いものではないという私の理屈の一つは、『古事記』・『日本書紀』に、実は三種の神器という言葉は出てきません。つまり、「そんなに古くて天皇の位を象徴するのであれば、当然『古事記』・『日本書紀』にも出てきて良いでしょう」となるのです。それが出てこないのです。これは非常に不思議ではないかと思います。

例えば、天孫降臨という神話の場面です。『古事記』・『日本書紀』の神話のハイライトは、何と言っても国譲りから天孫降臨に移っていくところです。

そこのところを『古事記』で見ますと、まず、アマテラスが孫のニニギノミコトに与えたものとして、八坂の勾璁、鏡、そして、草那芸剣《くさなぎのつるぎ》と出てくるのです。「あれ、勾璁、鏡、草那芸剣。三種の神器ではないか」と、「出ているではないか」と言うのですが、実はこの三

表1　天孫降臨の段にみられる玉・剣・鏡

| | 『古事記』 | 『日本書紀』 | |
|---|---|---|---|
| | | 第１の一書 | 第２の一書 |
| 玉 | 八尺勾璁 | 八尺瓊曲玉 | なし |
| 剣 | 草那芸剣 | 草薙剣 | なし |
| 鏡 | 鏡 | 八咫鏡 | 宝鏡・斎鏡 |
| 総称 | | 三種の宝物 | |

種を挙げているのですが、これに三種の神器という言葉は使っていないのです。要するに、総称したものは出てこないのです。

ただ、具体的に「玉と鏡と剣を与えた」と出てきます。ですから、ここで三種の神器と出てくればOKですが、出てこない。やはり、どうしてなのかなという気がします。

ほかのところを見ますと、『日本書紀』には、この天孫降臨のときに神器の話はやはり出てこないのです。しかし、別伝承を見ますと、第一の一書には出てくるのです。アマテラスがニニギノミコトに何を与えたかというと、「曲玉と鏡と草薙剣を与えた」と出てくるのです。実はここで「これらは三種の宝物」と出てくるのです。「神器という言葉を使っても良いのに、どうして使わないのか」というのは、やはり腑に落ちません。

また、第二の一書を見ると、「アマテラスが手に宝鏡を持って、アメノオシホミミに授ける」という言葉が出てきます。鏡が出てくるのですが、宝鏡という言い方をしています。ですから、三種の神器は出てこないのです。

『古事記』は三つでてくるが、それらの総称が出てきません。『日本書紀』の第一の一書は三つでてきますが三種の宝物です。第二の一書では、宝鏡・斎鏡《いはひのかがみ》という言い方もしていま

表2　榊にかける祭器

| | 『古事記』天岩屋戸の段 | 『日本書紀』景行天皇4年9月5日条 | 『日本書紀』中哀天皇8年正月4日条 熊鰐 | 『日本書紀』中哀天皇8年正月4日条 五十迹手 |
|---|---|---|---|---|
| 上枝 | 八尺勾玉 | 八握剣 | 白銅鏡 | 八尺瓊 |
| 中枝 | 八咫鏡 | 八咫鏡 | 十握剣 | 白銅鏡 |
| 下枝 | 白・青和幣 | 八尺瓊 | 八尺瓊 | 十握剣 |

す。しかし、ここからも分かりますように、三種の神器という言葉が出てこないのです。そういう点が非常に面白いと思っています。

　これと似たような場面として、三つの宝物が出てくる場合はないのかなと見ていきますと、いくつか出てくるのです。例えば『古事記』の天岩屋戸《あまのいわと》の場面です。先ほどのアマテラスとスサノオがウケイをして、スサノオが勝ちます。そして高天原に入ります。入った途端、スサノオは急に乱暴します。アマテラスはじっと堪えているのですが、ついに最後は堪忍袋の緒が切れまして、天岩屋戸に閉じこもってしまいます。そうすると太陽神がいなくなりますから、真っ暗になってしまうのです。神々が困ってしまい、何とか引っ張り出そうという話です。

　そこにオモイカネという、思慮深い神が出てきます。そして色々作戦を考えるのですが、大和三山の一つである天香具山から榊を引っこ抜いてきまして、その上のほうの枝に勾璁を付け、中ほどの枝には八《や》咫《た》鏡を付けます。ここのところで玉と鏡が出てきます。剣とくれば良いのですが、下のほうには丹寸手《にきて》、要するに、麻で作った捧げものを引っ掛けるという記述が出てきます。

ですから、剣・玉・鏡ではないのですが、こういう三つのものが出てくるのです。ですから、これはひょっとすると三種の神器の「三種」というところに関わってくるのかもしれませんが、今はひとまずこのことを置いておきまして、似たようなものがないのかと見ていきますと、例えば『日本書紀』の景行天皇のところにこういう記事が出てきます。それは、従わない日本列島の賊を平定していくときに、神夏磯媛《かみなつそ》という女の賊が「降参だ」と言って、天皇に降参の印を見せるためにどうするかというと、「榊の上の枝に剣、中の枝に鏡、下の枝に玉を付けて、そして天皇を出迎えた」とあります。これは剣・玉・鏡で話が合います。「三種の神器の三種にはなっている」となります。

それから仲哀天皇、皇后は神功皇后です。その仲哀天皇のところを見ますと、やはりこれは熊鰐《わに》という賊が降参したということで、「榊の上の枝に鏡、中の枝に剣、下のほうには玉を付けた」という記述が出てきます。

まだあるのですが、五十迹手《いとて》という賊が降参したときにも、「榊の上の枝には玉、中の枝には鏡、下の枝には剣を取り付けて迎えた」となっておりまして、一応、剣・玉・鏡の三つ出てくるのです。お気付きのように、上・中・下で若干、剣・玉・鏡の掛かっている順番が違います。違うのですが、一応、ここは三種と見ておいてください。

そして、最後の五十迹手の場合には、言葉が付いているのです。何かといいますと、なぜこの剣・玉・鏡なのかというと、まず、玉は勾玉のことを言っていると思うのですが、勾玉の曲線が非常に妙なるというのです。ですから、「天皇の統治が実にうまく、妙になるようにということで勾玉を用意しました」と。

それから、鏡につきましては、「山だとか川だとか海原、そういったものを鏡で全部映し出して、それを天皇の支配領域になるようにという意味を込めて鏡を掛けました」と。

剣はといいますと、「その剣で、言うことを聞かない賊たちを平定していくという意味を込めて、剣を差し上げます」という口上が付いております。そのようなわけで、三種のものが出ています。

このように三種が出てくるのですが、実は、お分かりのように、今まで一種というものはなかったです。その代わり、二種というのは出てきます。それから三種が出てきます。これをどのように考えるかということです。少し三種の神器の本質論になるのですが、これは昔から言われていることでもあるのですが、「元々は二種であった」、「いや、三種であった」というようなことが言われております。

実は、こういう祭祀を扱ってきた古代氏族は中臣《なかとみ》です。中臣は藤原と名前が変わっていきます。もう一つ並び立つのが忌部《いんべ》です。この二つが並び立つのですが、だんだん中臣・藤原のほうの力が強くなり、宮廷の祭祀の独占にかかります。忌部は残念ながら虐げられていき、最後は『古語拾遺』という、これは愁訴状《しゅうそじょう》といいますか、天皇に訴えるようなものまで作っております。

実は忌部系の話で、『古語拾遺』などは、やはり、宝物が二種なのです。それに対して藤原系が「三種だ」と言うのです。ですから、氏族によって二種、三種というのが分かれるという見解もあります。

それから、今度は質の問題にも関わってくるのです。つまり剣・玉・鏡、先ほど五十迹手という人物が、一応この三種を天皇に差し上げる理由を述べたかと思うのですが、これらのうち、どれが一番良いのかという話になります。

これも非常に難しい問題です。どうも剣や鏡のほうが玉よりも上という認識が出ているとご紹介しました。後になりますと、剣と鏡と璽《じ》という問題が出てくるのです。ここにみられる璽とは何かということが問題です。

普通に考えますと、璽というのは判子です。判子なのですけれども、『古事記』や『日本書紀』の使われ方を見ていきますと、どうも天皇の印であると。「御印《みしるし》が璽なのだ」と読み取れるのです。すると、どうなるかというと、剣と鏡と璽が出てくると、「天皇の印、そして鏡であり、剣である」というような解釈ができるのです。そうすると玉が抜けてしまうのです。ところが、天皇の印だというようにとると、印の材質は何かということになるのです。

非常に重要で神聖な印ですから、材質は多分、玉でしょう。ですから、もし、璽が判子・印であれば、玉というのがそこに入ってくるだろうという解釈もできるのです。しかし、最初に申し上げましたように、天皇の印、剣と鏡ととりますと、やはり玉は抜けてしまうのです。

そこのところで、こういうことを少し考えてみました。

剣や鏡の材質は何かというと、銅・青銅・鉄、つまり金属器とすると、「金属器というのは、いつ日本列島に入ってきたのだろう」と。大体、一般に言われるのは弥生時代頃でしょうか。ということは、剣に対する信仰、鏡に対する信仰、こういったものは弥生時代以降であると言うことができるかもしれません。

それに対しまして玉、これは、縄文時代頃から古代人は身に付けております。ということは、こういった玉に対する信仰、これは縄文時代頃からあったということが、これまたいえるかもしれません。できると断定しないところがミソでございます。

そうしますと、剣・玉・鏡のうち、玉というのが一番本来的に古いものと言えるのかもしれません。最後は、「かもしれません」になりましたが、そういうことが一つ言えます。

それから、こういうことを言っている人がいるのですが、「剣と玉と鏡、この三種を比べると、一番身近なものは玉だ」と言うのです。玉は普通、首にかけます。

それに対して、剣というのは、どのようにして使うかといいますと、手が間にありますので、肌に直接ふれるものではない。鏡はというと、鏡も同じ理屈です。鏡も持って見ますよね。置いて見る場合もありますが、持って見る。

すると、「剣と鏡と玉の場合、どれが一番人間に身近な存在かというと、玉ではないのか」と。そうすると、つけている人間が尊い神や天皇としますと、そういった神や天皇の霊威が一番伝わるのは玉ではないだろうかと。そうしますと、剣・玉・鏡のうち、玉というのは非常に重要ではないかという話をする人がいます。私も、言われてみれば「なるほど」という感じがしないわけではありません。つまり、玉というのはいつも触れているということが言えるのではないかと実は思っています。

そのようなわけで、決定打というのは実はないのですが、従来言われているように、三種の神器の中で、玉というのは剣・鏡から一つ下がるようなことが言われることがありますが、むしろ、逆に玉を上位にもってくるという発想もできるのではないかと思っています。

誠に雑駁な話でございましたけれども、私の話は以上にさせていただきたいと思います。ご清聴、どうもありがとうございました。

【第1部】玉が語る　古代出雲の輝き

# 古代日本の玉作り（報告①）

米田克彦　先生

## 一、古代の玉と玉作り

みなさん、こんにちは。岡山県古代吉備文化財センターの米田克彦と申します。今回は、遺跡から見つかった玉がどのような意味を持っているのか、そして、玉からどのような歴史像を描けるのかということを話したいと思います。

今回は四つのお話に絞って説明します。まずは古代の玉と玉作りについて、二つ目に実際に玉を作っていた玉作り遺跡の分布と移り変わりについて説明します。三つ目は、玉作り遺跡で生産した玉の内容について、四つ目として玉作りの技術についてお話します。

玉は主に縄文時代から古墳時代の遺跡から見つかっており、およそ一万年の長い歴史のなかで使用されたと考えられます。玉というのは、石やガラスなどの材質、勾玉や管玉などの形、緑や青などの色などの属性があります。そして、玉はアクセサリーであることはもちろんですが、生命や願いに関わるような精神的な拠り所、マツリの道具、墓や古墳の副葬品、権力や地位を示す威信財など、多様な役割があります。

古代の人たちは限られた産地から玉の材料を入手し、卓越した技術を持って、相当な時間と労力をかけて玉を作っていました。

今回は、玉の長い歴史の中でも、古墳時代に焦点を絞ってお話します。古墳時代というのは、三世紀の中ごろから七世紀くらいまでの年間幅があります。分かりやすく言うと、卑弥呼が活躍した頃から聖徳太子が活躍した頃までにあたります。古墳時代には、全国各地に前方後円墳のほか、前方後方墳、円墳、方墳など様々な形の古墳が造られました。

古墳は大王や豪族のお墓なので、様々な副葬品が納められます。例えば、剣、鏡、玉、土器、五世紀以降には鎧や馬具なども副葬されました。また、古墳の周りには埴輪を立て並べることもありました。

**米田克彦**（よねだ・かつひこ）**先生**
岡山県古代吉備文化財センター総括主幹
1975年、島根県生まれ。四国学院大学文学部卒業。専門は日本考古学。主な著作に「古墳時代玉生産の変革と終焉」（『考古学ジャーナル』567）、「古墳時代管玉の生産と流通」（『季刊考古学』94）、「出雲における古墳時代の玉生産」（『島根考古学会誌』15）など。

古墳時代というのは、社会全体で古墳を造り、儀礼やマツリを行うために相当の労力と時間をかけて、様々な副葬品を卓越した技術で作るほか、場合によっては大陸や朝鮮半島などからも入手して、それらを列島全体で流通させるような、国の骨組みができはじめた時代と言えます。

## 二、玉作り遺跡の分布と移り変わり

古代の日本列島では、玉作りの遺跡の数が、今のところ五二九箇所も確認されています。縄文時代は十八箇所くらいと少ないのですが、弥生時代になると、稲作文化とともに、古墳時代につながるような管玉で身を飾る習俗や管玉を大量に作る技術が伝わってきます。では、玉作り遺跡の分布とその移り変わりを確認しましょう。

まず、弥生時代前期は八遺跡と少ないです。主に山陰から北陸西部の日本海沿岸、遠くは東海の愛知県まで点在して分布しています。

次に弥生時代中期になると、玉作り遺跡が一六七箇所と大幅に増えます。山陰から北陸や佐渡島まで日本海沿岸に玉作り遺跡がびっしりと分布するほか、近畿や東海でも見られます。この時期は列島の広い範囲で玉作りが最も盛んに行われた頃と言えます。

そして、弥生時代後期になると、玉作り遺跡は一二

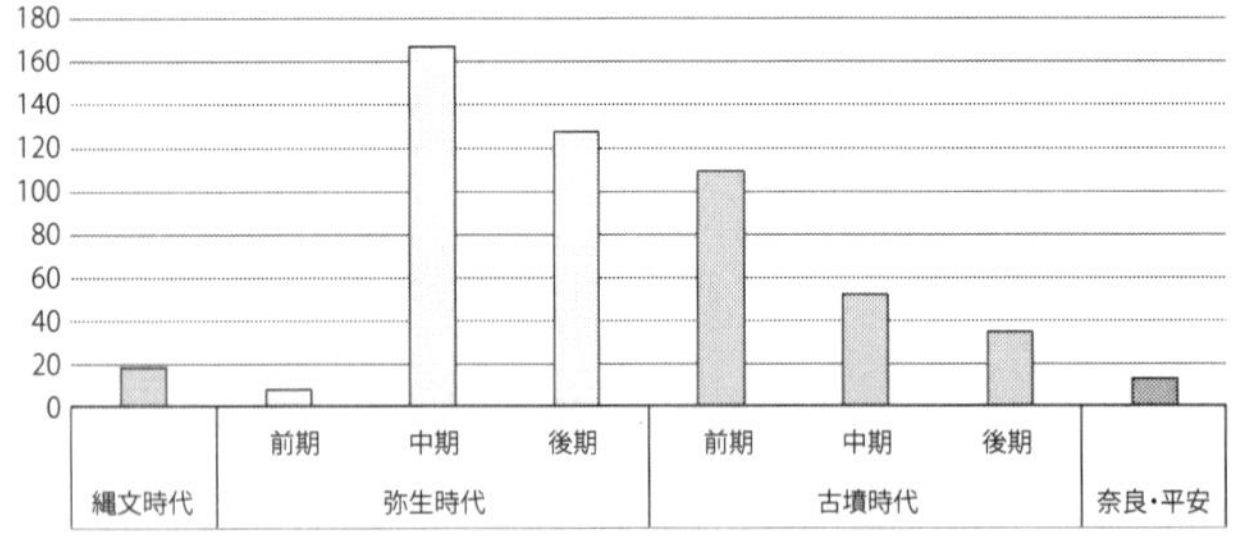


図1　古代日本の玉作り遺跡の数
(出典：米田克彦「古墳時代玉作遺跡の分布と変遷」『古墳時代における玉類の研究』島根県古代文化センター、2019年をもとに作成)

七箇所とやや減少し、少し様子が変わってきます。弥生時代中期は列島の広い範囲に分布していましたが、後期は北陸、山陰、北部九州の三つの地域に集中するようになります。

ところが、三世紀中頃以降、日本列島の各地に古墳が造られるようになり、社会の構造が変わってくると、玉作りの様子も変わってきます。

三世紀中頃から四世紀、古墳時代前期は一〇九箇所あります。古墳時代の初めは弥生時代後期に続いて北陸、山陰、北部九州に分布しますが、間もなく北部九州では玉作りが行われなくなります。四世紀後半になると、北陸、山陰に加え、関東、甲信、東海、近畿の広い範囲で玉作りが

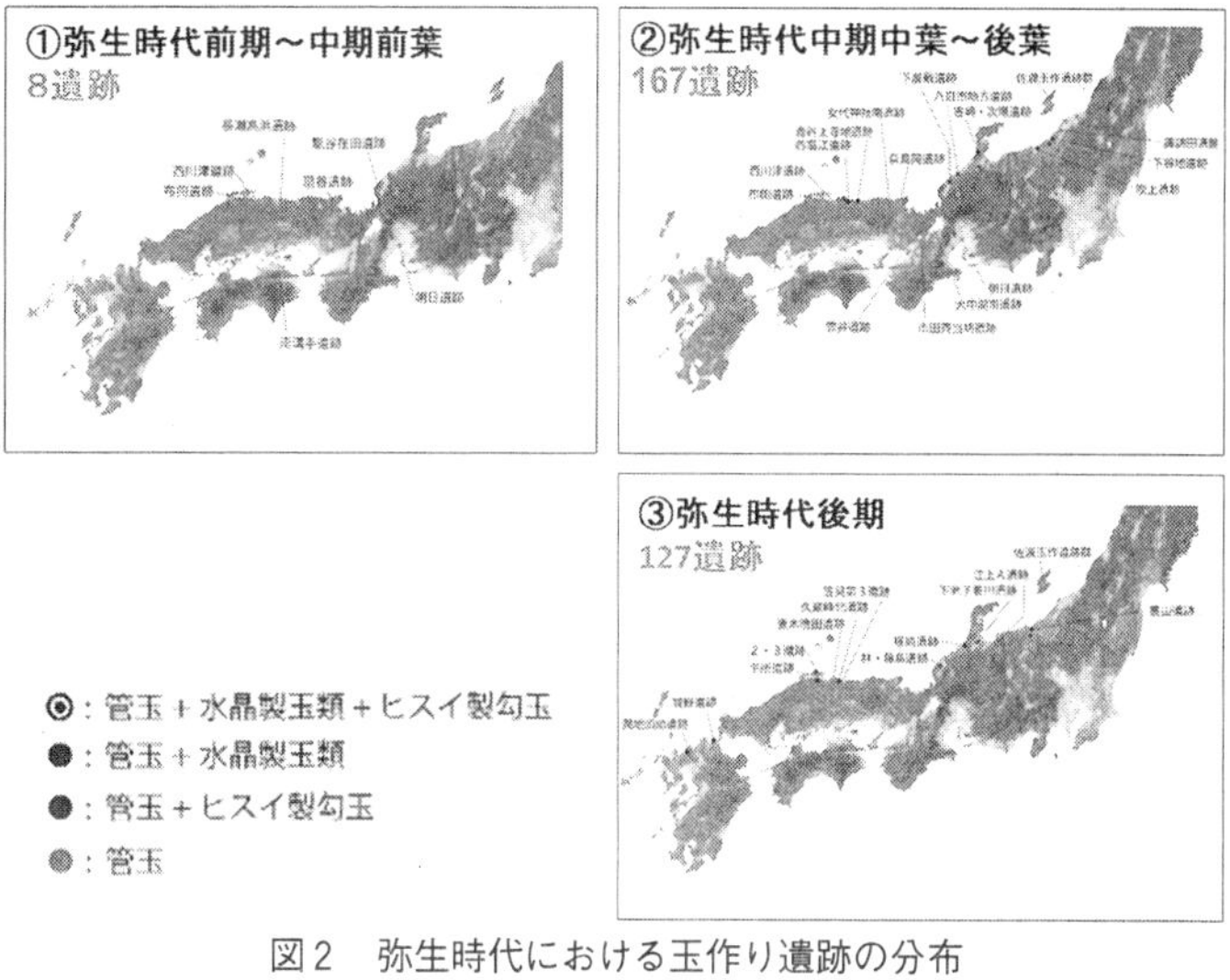


図２　弥生時代における玉作り遺跡の分布
（出典：米田克彦「弥生時代における玉つくりの展開」『日本海を行き交う弥生の宝石』鳥取県埋蔵文化財センター、2013年を改変）

行われるようになり、その分布が大きく変わります。特に北陸の石川県片山津玉造遺跡では管玉や石製品を大量生産しています。また、古墳時代の大規模な玉作り遺跡である奈良県曽我遺跡もこの頃に出現します。

続いて五世紀、中期は五二箇所の玉作り遺跡があり、前期の半数になります。山陰の出雲や近畿では玉作りが活発に行われますが、北陸や関東では玉作り遺跡の数が極端に少なくなり、地域も限られます。

六世紀、古墳時代後期になると、玉作り遺跡が三五箇所となり、中期よりもやや少なくなります。後期前半には北陸や関東では玉作りが衰退する一方、近畿の大和と山陰の出雲では玉作りが積極的に行われています。

ところが、後期後半になると、近畿では

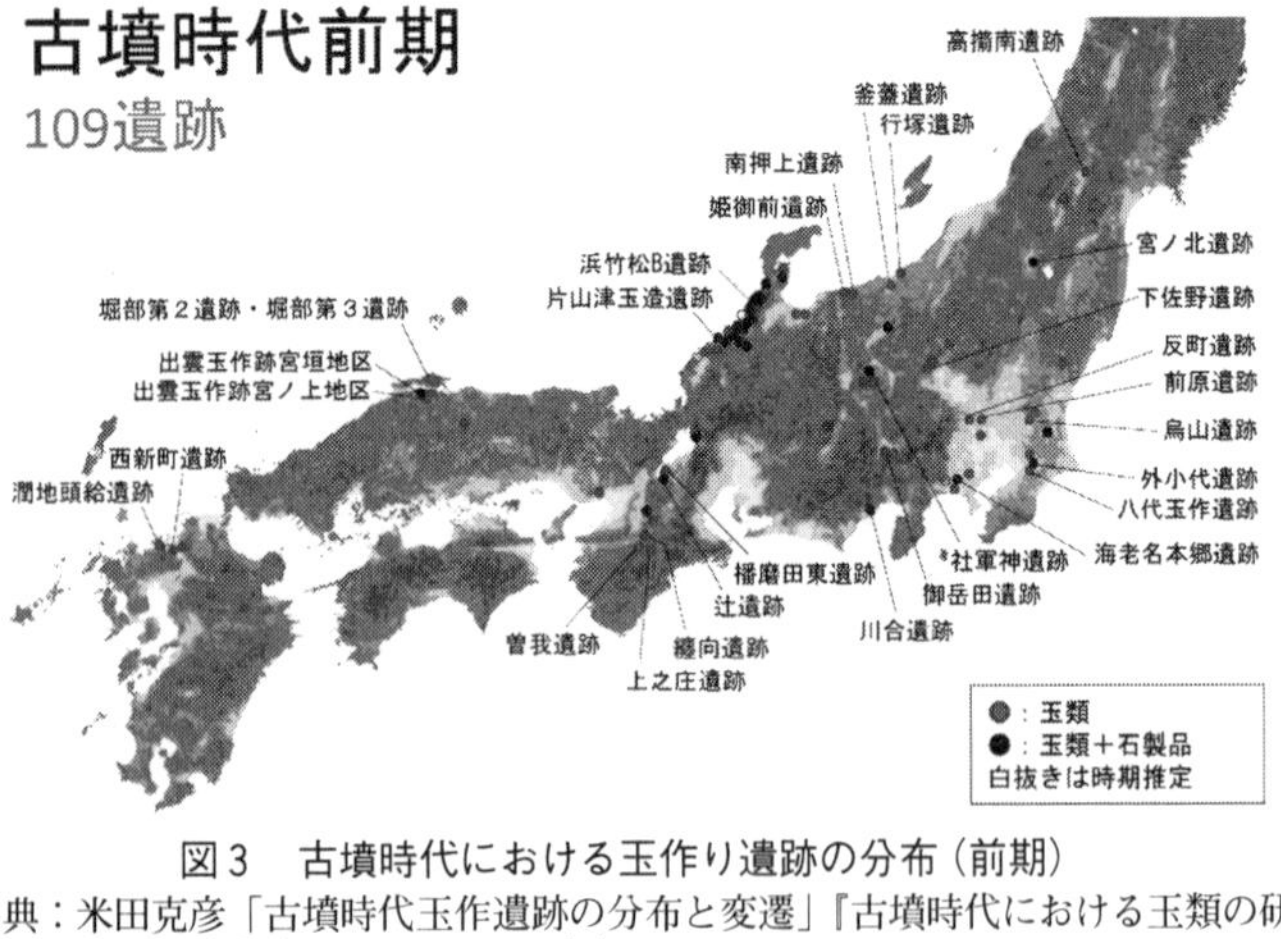


図３　古墳時代における玉作り遺跡の分布（前期）
（出典：米田克彦「古墳時代玉作遺跡の分布と変遷」『古墳時代における玉類の研究』島根県古代文化センター、2019年）

玉作りを突如停止します。それに対して、山陰の出雲では七世紀前半まで玉作りを引き続き行います。つまり、六世紀後半以降、日本列島で玉作りを行っているのは出雲にほぼ限られるのです。

奈良・平安時代になると、律令制の成立や仏教の普及に伴い、古墳時代によく見られた勾玉や管玉は作られなくなります。玉作り遺跡は一三箇所と限られ、仏教に関わるような丸い玉や碁石のような石製品が作られます。

## 三、玉作り遺跡の生産内容

玉は、材料を入手しないと作ることができません。縄文時代から弥生時代の玉、とくに勾玉は翡翠《ひすい》で作られていました。翡翠は日本列島では十箇所程度の限られたとこ

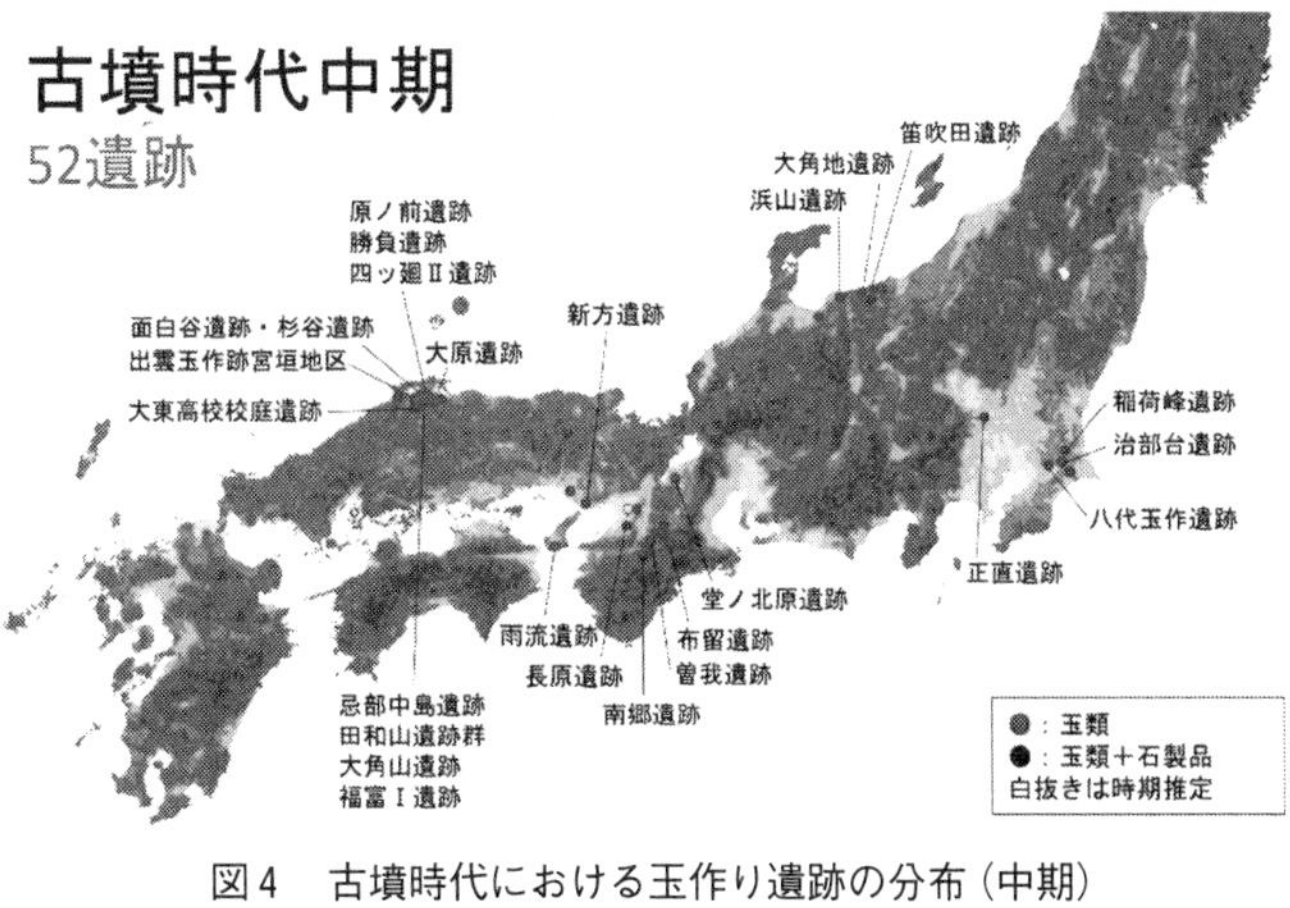


図4　古墳時代における玉作り遺跡の分布（中期）
（出典：米田克彦「古墳時代玉作遺跡の分布と変遷」『古墳時代における玉類の研究』島根県古代文化センター、2019年）

ろで産出されるのですが、遺跡から出土した勾玉に使われた翡翠は、新潟県の糸魚川《いといがわ》周辺で採れるものに限られることが科学的な分析から推定されています。

碧玉は、日本列島では北海道から山陰までの日本海沿岸を中心に十一箇所の産地が知られています。このうち、遺跡から出土した管玉や勾玉に使用された碧玉《へきぎょく》は、主に新潟県佐渡島、石川県小松市や加賀市、兵庫県豊岡市、島根県松江市の四箇所に限られます。

なかでも、島根県松江市では玉造温泉の東側にある花仙山《かせんざん》で良質な碧玉が多く産出します。しかも、花仙山では、碧玉だけではなくて、瑪瑙《めのう》と水晶も採れます。古墳時代の玉の材料となる碧玉、瑪瑙、水晶の三つの石材が一箇所で採れるところは、島根県松江市の花仙山だけであり、そのことが古墳時

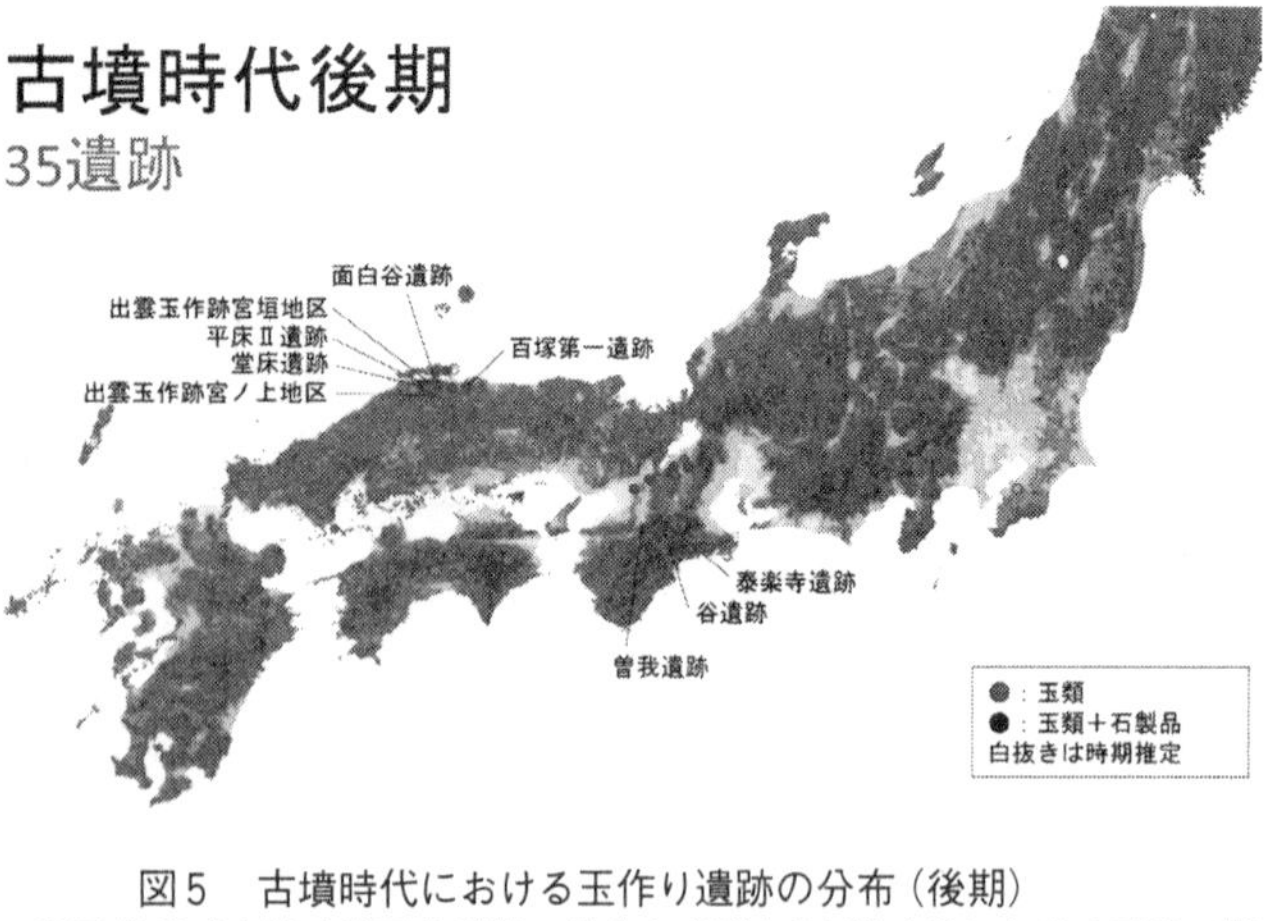


図５　古墳時代における玉作り遺跡の分布（後期）
（出典：米田克彦「古墳時代玉作遺跡の分布と変遷」『古墳時代における玉類の研究』島根県古代文化センター、2019年）

代を中心に山陰の出雲地域で玉作りが盛んに行われた理由の一つと考えられます。

次に、玉作り遺跡でどのような玉が作られているのかということについて、表1をもとに見ていきます。

まず、各地域に共通していることは、管玉と滑石《かっせき》製品が作られていることです。管玉は緑色凝灰岩と碧玉で主に作られ、列島各地の玉作り遺跡の大半で作られました。また、滑石製品は地域によって作られる種類に違いがありますが、多くの地域では勾玉、管玉、臼玉のほか、有孔円板や剣形品などの模造品が作られています。

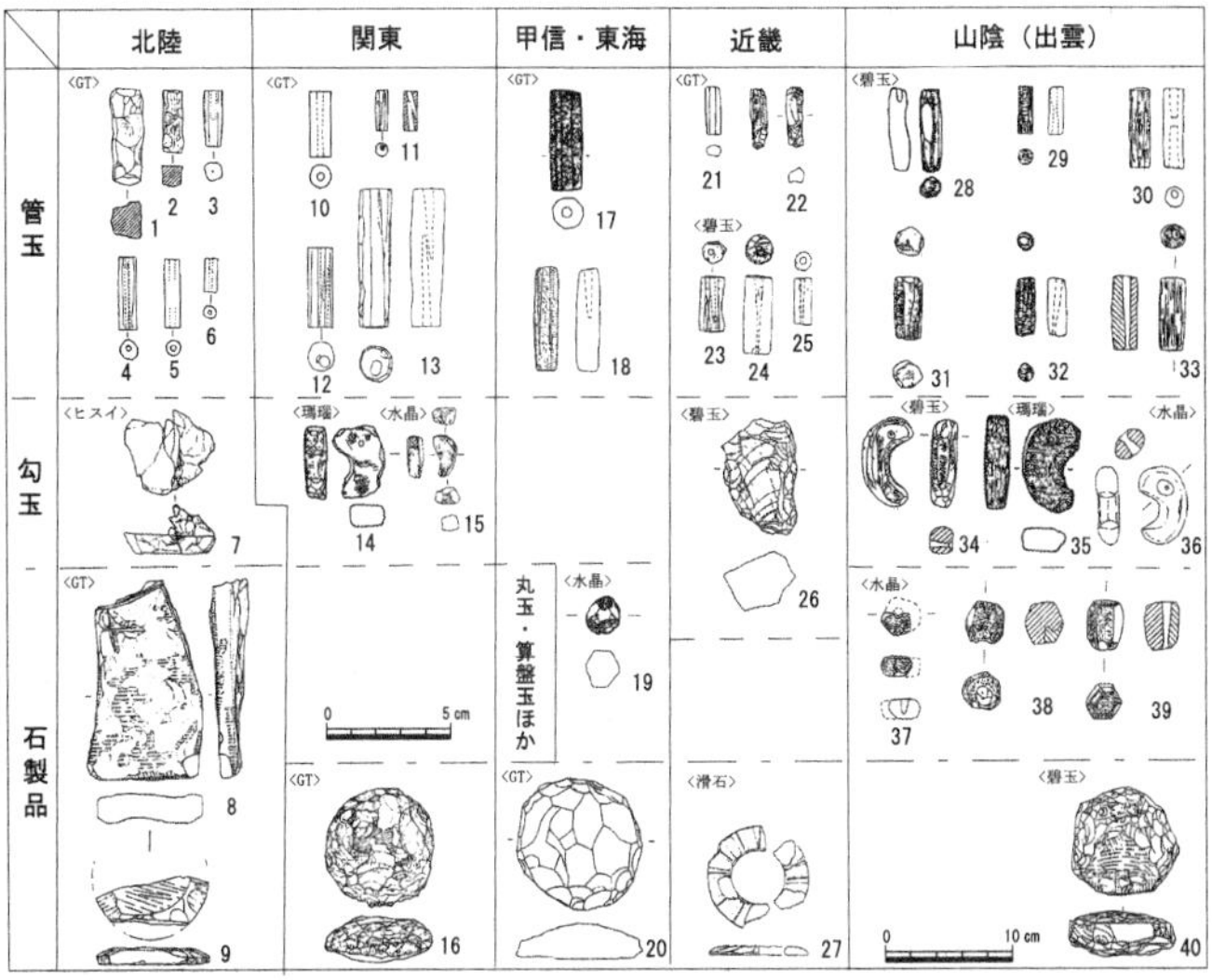


【遺跡】1～6･8･9石川県片山津玉造、7富山県浜山、10･14茨城県烏山、11千葉県稲荷峰、12千葉県八代、13･16神奈川県本郷、15埼玉県反町、17･20長野県社軍神、18静岡県川合、19山梨県御岳田、21滋賀県辻、22･26大阪府長原、23奈良県布留、24･25奈良県曽我、17奈良県上之庄、28･35島根県大角山、29島根県勝負、30島根県大原、31･32島根県福富Ⅰ、33･34･37～39島根県堂床、36島根県平床Ⅱ、40島根県後原

【時期】1～6･8･9･10～20･27は前期、40は前期？、21は前～中期、7･26･28～32･35は中期、23～25は中～後期、33･34･36～39は後期

【材質】＜　＞は材質となる石材を示す。GTは緑色凝灰岩の略。

図6　古墳時代における玉類･石製品の地域性

（出典：米田克彦「古墳時代玉作遺跡の分布と変遷」『古墳時代における玉類の研究』島根県古代文化センター、2019年を改変）

| 玉類 | | | | | | | | | | | | | | 石製品 | | | | | | その他 | 地域 |
|---|---|---|---|---|---|---|---|---|---|---|---|---|---|---|---|---|---|---|---|---|---|
| 水晶 | | | | | | 滑石 | | | | | 琥珀 | | | | | | | | | | |
| 管玉 | 勾玉 | 算盤玉 | 切子玉 | 丸玉 | 三輪玉 | 管玉 | 勾玉 | 臼玉 | 有孔円板 | 剣形品 | 勾玉 | 小玉・丸玉 | 棗玉 | 鍬形石 | 石釧・車輪石 | 刳貫円盤 | 鏃形 | 琴柱 | 円盤状 | | |
| | | | | | | | | | | | | | | | | | | | | | 山形県 |
| | | | | | | | | | | | | | | | | | | | | GT環状石製品 | 福島県 |
| | | | | | | ● | ● | ● | ● | | | | | | □ | | | | | 琥珀片 | 茨城県 |
| | | | | | | ? | | | | | | | | | | | | | | | 栃木県 |
| | | | | | | ● | ● | ● | | | | | | | | | | ▲ | | | 群馬県 |
| | ● | | | | | ● | ○ | | | ○ | | | | | | □ | | | | | 埼玉県 |
| | | | | | | ● | ● | ● | ● | | | | ○ | | | □ | | | □ | 滑石平玉 | 千葉県 |
| | | | | | | ● | ● | | | | | | | | □ | | ▲ | | □ | | 神奈川県 |
| | | | | ● | | | | | | | | | | | | | | | | | 山梨県 |
| | | | | ○ | | | | | | | | | | | □ | | □▲ | | □ | | 長野県 |
| | | | | | | | | | | | | | | | | | □ | | □ | | 静岡県 |
| | | | | | | ● | ● | ● | ● | | | | | | | | | | | 滑石紡錘車 | 新潟県 |
| | | | | | | ● | ● | ● | | | | | | | | | | | | | 富山県 |
| | | | | | | ○ | | | | | | | | ■ | ■ | ■ | □ | □ | □ | 合子 | 石川県 |
| | | | | | | | | | | | | | | | □ | | | | | | 福井県 |
| | | | | | | ● | ● | ● | ● | ● | | | | □△ | □ | | | | □ | ヒスイ素材 | 滋賀県 |
| | | | | | | ● | | ● | ● | ● | | | | | | | | | | 滑石刀子 | 大阪府 |
| | ? | ○ | ? | ○ | | ● | ● | ● | ● | | ○ | ● | ● | | △ | □ | | | | | 奈良県 |
| | | | | | | | ● | ● | ● | | | | | | | | | | | | 兵庫県 |
| | | | | ○ | | | | | | | | | | | | | | | | | 鳥取県 |
| ● | ● | ● | ● | ● | ● | ○ | ○ | ● | ● | | | | | | □ | | □ | | □ | 合子？ | 島根県 |
| | | | | | | | | | | | | | | | | | | | | | 岡山県 |
| | | ○ | ○ | | | | ● | ● | | | | | | | | | | | | | 福岡県 |

石製品の■□は碧玉・緑色凝灰岩製、▲△は滑石製。黒塗りは一定量、白抜きはわずか。

表1　古墳時代玉作遺跡の消長と生産内容

| 地域 | | 弥生 後期 | 古墳時代 前期 前半 | 前期 後半 | 中期 前半 | 中期 後半 | 後期 前半 | 後期 後半 | ヒスイ 勾玉 | ヒスイ 棗玉 | GT 管玉 | 碧玉 管玉 | 碧玉 勾玉 | 碧玉 丸玉 | 碧玉 平玉 | 碧玉 棗玉 | 瑪瑙 勾玉 | 瑪瑙 丸玉 |
|---|---|---|---|---|---|---|---|---|---|---|---|---|---|---|---|---|---|---|
| 東北 | 山形県 | | | … | … | … | | | | | ● | ● | | | | | | |
| | 福島県 | | ━ | ━ | | | | | | | ● | | | | | | | |
| 関東 | 茨城県 | | | ━ | ━ | | | | | | | ● | | | | | ● | |
| | 栃木県 | | ━ | ━ | | | | | | | ● | | | | | | | |
| | 群馬県 | | | ━ | ━ | | | | | | ● | | | | | | ? | |
| | 埼玉県 | | | ━ | | … | … | | | | ● | | | | | | ○ | |
| | 千葉県 | | | ━ | ━ | ━… | … | | | | ● | ● | ○ | | | | | |
| | 神奈川県 | ━ | ━ | ━ | | | | | | | ● | ○ | ○ | | | | | |
| 甲信 | 山梨県 | | | ━ | | | | | | | ● | | | | | | | |
| | 長野県 | … | ━ | ━ | | | | | | | ● | ● | | | | | | |
| 東海 | 静岡県 | | | ━ | | | | | | | ● | | | | | | | |
| 北陸 | 新潟県 | ━ | ━ | ━ | … | ━ | ━ | | ● | | ● | ● | | | | | | |
| | 富山県 | ━ | ━ | ━ | | ━ | | | ● | | | | | | | | | |
| | 石川県 | ━ | ━ | ━ | … | … | | | ● | | ● | | | | | | | |
| | 福井県 | ━ | ━ | … | … | | | | | | | ● | ○ | | | ○ | | |
| 近畿 | 滋賀県 | | … | ━ | ━ | ━ | ━ | | | | ● | ● | | | | | | |
| | 大阪府 | | | … | ━ | ━ | … | … | | | ● | | ○ | | | | | |
| | 奈良県 | | ━ | ━ | ━ | ━ | ━ | | ○ | | ● | ● | | ○ | ? | ? | ? | |
| | 兵庫県 | | | | | ━ | ━ | | | | ● | ● | ? | | | | | |
| 山陰 | 鳥取県 | ━ | | | | | … | | | | | ○ | ○ | | | | ○ | |
| | 島根県 | ━ | ━ | ━ | ━ | ━ | ━ | ━ | | | | ● | ● | ● | ● | | ● | ○ |
| 山陽 | 岡山県 | … | … | | | | | | | | | ? | | | | | | |
| 九州 | 福岡県 | ━ | ━ | ━ | | | | | | | | ● | | | | | | |

※GTは緑色凝灰岩の略。玉類の●は製作あり、？は製作の可能性あり。

一方、それ以外の玉は、作られている地域や遺跡が限定されます。地域ごとに玉作りの状況を確認しましょう。

北陸では古墳時代前期を中心に軟らかい緑色凝灰岩を使って、管玉と腕輪形の石製品が大量に作られています。腕輪形の石製品は一〇センチ以上も大きいもので、弥生時代の貝製の腕輪をもとに緑色凝灰岩や碧玉で作り替えたものです。鍬形石、車輪石、石釧《いしくしろ》などの様々な種類の腕輪形の石製品が作られているのは北陸の特徴と言えます。

次に、関東では各地域で管玉を作るほか、一部で石製品が作られています。なかでも、茨城県と埼玉県は古墳時代前期後半に限って緑色凝灰岩製の管玉に加えて、瑪瑙や水晶で勾玉を作っているのが特徴です。

続いて、近畿では様々な石で玉が作られました。例えば、滋賀県辻遺跡では古墳時代前期末に緑色凝灰岩と島根県花仙山の碧玉を使った管玉、大阪府長原遺跡では中期に主に緑色凝灰岩製管玉のほか、花仙山産碧玉で勾玉も作られています。

奈良県曽我遺跡では多様な石を用いて様々な玉が作られています。主に作られているのは、多様な滑石製品、緑色凝灰岩製の細長い管玉、碧玉製の太い管玉です。このほか、少量ですが、瑪瑙、水晶、琥珀《こはく》でも玉が作られています。これらの石材は列島各地の産出地から運ばれたことが出土品の観察や科学的な分析から推定されています。

曽我遺跡では玉の材料として使われた石材が総重量二・七トンも出土したようです。点数は八二万点あると推計されています。この桁違いな出土量から、曽我遺跡は大和王権が直営した玉作工房だという評価があります。

この遺跡の特徴は、古墳時代前期後半から後期前半まで長期にわたって玉作りを行っていること、玉作りの出土品の膨大な量は全国最大規模であること、全国各地から玉の材料となる多様な石を運び込み、様々な種類の玉を作っていることなどです。なかでも、大量の滑石製品、緑色凝灰岩製の細長い管玉、島根県花仙山産碧玉製の太い管玉が特徴的です。これらのことから、各地の玉作り工人が材料となる石を携えて、奈良県曽我遺跡に集結して、共同作業をしているような光景が思い浮かべられます。

最後に、出雲では碧玉、瑪瑙、水晶を用い、勾玉、管玉、丸玉、算盤玉、切子玉などの様々な玉を作っているというのが特徴と言えます。

以上のことをまとめると、北陸は緑色凝灰岩製の管玉と腕輪形石製品、関東は緑色凝灰岩の管玉と一部で瑪瑙・水晶製の勾玉、近畿は緑色

図7　奈良県曽我遺跡の玉作り関連遺物
（所蔵・写真提供：奈良県立橿原考古学研究所）

凝灰岩の細長い管玉や一部で腕輪形製品や碧玉製勾玉、琥珀製品が作られています。特に曽我遺跡では多様な石を用いて多くの種類の玉を作っています。出雲は、古墳時代前期から後期まで玉を作り続けていますが、碧玉、瑪瑙、水晶の三種類の石であらゆる玉を作るのが特徴です。このように、古墳時代は地域ごとに特色ある玉を生産していると言えます。

## 四、玉作りの技術

最後に、玉作りの技術についてお話します。玉は石を割り、磨いて、管玉や勾玉の形に近づけた後、孔をあけて、最終的に磨き上げて仕上げていきます。石を割るときには鉄製品や石のハンマー、磨く時には砥石を使います。そして、孔をあける時には、古墳時代には鉄製のドリルを使います。太さが数ミリの細長い針みたいなものを使って孔があけられたと考えられます。

孔のあけ方には、玉の両側から孔をあける方法（両面穿孔）と片側から孔をあける方法（片面穿孔）の二つの方法があります。両面穿孔は玉の半分ほど片側から孔をあけたら、玉の上下をひっくり返して、反対側から残る半分まで孔をあけ、両側からあけられた孔を繋げることで貫通させる方法です。それに対して、片面穿孔は玉を固定したまま貫通するまで片側から孔をあける方法です。

出雲では、古墳時代前期から中期前半までは管玉の孔を両側からあけていたのですが、中期後半以降は、管玉は片側から孔をあけるようになります。中期後半に管玉の孔のあけ方が両面から片面に変化するのですが、これが重要なポイントになります。

片面穿孔で管玉を作るのは、古墳時代中期後半以降の出雲の特徴ですが、実は、出雲以外に奈良県曽我遺跡でも島根県花仙山産碧玉製の管玉が片面穿孔で作られています。このことは古墳時代中期後半に出雲と曽我遺跡の管玉作りが密接な関係をもっていたことを示していると考えられます。

## まとめ

古墳時代前期は、列島各地で玉が作られており、玉作りの中心地は北陸でした。このころには奈良県曽我遺跡で玉作りが始まるほか、出雲でも本格的に玉が作られるようになります。出雲では花仙山産碧玉製の管玉に加え、碧玉、瑪瑙、水晶製の勾玉が登場します。

中期になると、東日本では玉作りが衰退する一方で、近畿と出雲が中心となって玉作りが行われます。奈良県曽我遺跡では、様々な玉を作り、最盛期を迎えます。出雲では、中

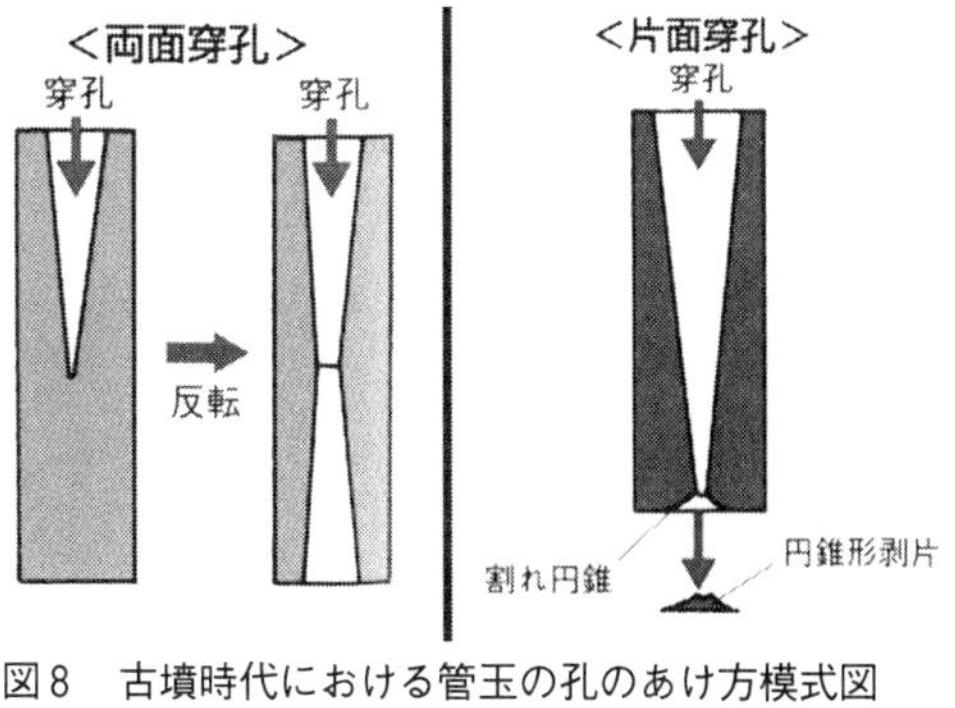


図8　古墳時代における管玉の孔のあけ方模式図
（出典：島根県立古代出雲歴史博物館『輝く出雲ブランド』2009年より）

期後半から管玉を片面から孔をあけるという技術的な変化が見られ、この技術は奈良県曽我遺跡と共通します。

古墳時代の後期になると、近畿の曽我遺跡では後期前半をもって玉作りを停止します。それ以降は出雲で玉作りを続けて行い、最盛期を迎えます。

古墳時代の玉作りは、七世紀の中頃に突然終わります。その理由は律令制の成立で、古墳の築造が停止されたことに伴い、古墳への副葬品であった玉を作ることも停止されたと考えられます。

限られた時間でしたが、これで報告を終わらせていただきます。ご清聴、ありがとうございました。

【第1部】玉が語る　古代出雲の輝き

# 古代王権の祭祀と玉（報告②）

菊地照夫 先生

## はじめに

ご紹介いただきました菊地です。「古代王権の祭祀と玉」というテーマでお話ししますが、対象とする時代は、今、米田さんから七世紀の半ばをもって、古墳時代的な玉作りが終わるというお話がありました、そのあとの時代です。

律令国家の時代になって、玉作りは行われなくなるのですが、しかし、王権の祭祀や神話の中に玉が登場します。玉というものは、瀧音先生の講演にもありましたように、魂・霊魂に通じるもので、単なる装飾品ではなく、宗教的な性格を持った呪物です。この報告では、日本の古代王権において、玉にはどのような宗教的な威力があると考えられていたかという問題を考察したいと思います。

## 一、古事記の神話にみえるミクラタナの神について

最初に、古事記にみえるミクラタナという神について考えてみたいと思います。

古事記と日本書紀、併せて記紀と言いますが、その神話の部分は記紀神話と総称されています。記紀神話の世界観をみると、天上に高天原《たかまのはら》、地上に葦原中国《あしはらのなかつくに》という世界があります。高天原というのは、王権支配の根源的な世界、葦原中国というのは王権、すなわち天皇が支配すべき世界であり、その世界観は垂直的な構造となっています。

記紀神話の全体的なテーマは、この世である葦原中国が、天皇によって支配されることの由来と、その正統性を物語ることにあります。古事記の神話では、イザナキ、イザナミの国生みから始まり、続いて神生みを行い、火の神を生むとイザナミが死んでしまうのですが、イザナキは妻のイザナミを訪ねて黄泉《よみ》の国を訪問します。そこで黄泉の国の穢れを受けて、戻ってきてミソギを行い、そのミソギの最後に三柱の尊い神、アマテラス、ツクヨミ、スサノオの三貴子が誕生します。

**菊地照夫**（きくち・てるお）**先生**

法政大学講師

1959年、東京都生まれ。法政大学大学院博士課程単位取得満期退学。博士（歴史学）。専門は日本古代史・民俗学。主な著作に『古代王権の宗教的世界観と出雲』（同成社）、「国引き神話と杖」（『出雲古代史研究』1）、「熊野大神の創祀と出雲東部の境界領域」（『出雲古代史研究』25）など。

イザナキは、この三貴子の中のアマテラスに高天原の支配を命じます。その記述が**史料1**です。イザナキはアマテラスに「御頸珠《みくびたま》」、すなわちネックレス状の玉を授けて、「お前は高天原を支配せよ」と命じています。

イザナキがアマテラスに授けたこの玉は「ミクラタナの

神」と称され、それが高天原の統治権の象徴とされているのです。このミクラタナの神とは一体何なのか、またなぜこの神が高天原の統治権の象徴とされるのか。この問題を検討することによって、古代王権において玉がどのような宗教的威力のある呪物と考えられていたか、考察したいと思います。

【史料1】『古事記』

此《こ》の時伊邪那伎命《いざなきのみこと》、大く歓喜《よろこ》びて詔《の》りたまひしく、「吾《われ》は子生みて、生みの終《はて》に三はしらの貴子《たふたきこ》を得つ。」とのりたまひて、即ち御頸珠《みくびたま》の玉の緒もゆらに取りゆらかして、天照大御神に賜《たま》ひて詔りたまひしく、「汝命《いましみこと》は、高天原を知らせ。」と事依《ことよ》さして賜ひき。故《かれ》、其の御頸珠の名を御倉板挙之神《みくらたなのかみ》と謂《い》ふ。

まず、ミクラタナの神とは何かという問題を検討します。ミクラタナは漢字で「御倉板挙」と表記されていますが、これは倉の宗教的な機能の神格化と考えられます。倉の機能としては、一般的には稲を収納・保管するという物理的な機能が考えられますが、それとは別に、宗教的な機能があります。倉には稲が収納されますが、稲には稲霊《いなだま》が内在しており、倉にはその稲霊の霊威を生成・再生するという宗教的な機能があるのです。

ここで少し稲霊についての説明をします。稲作農耕民には、普遍的に稲霊信仰が存在します。稲霊信仰とは、稲には稲霊が内在し、稲の発芽、生長、稔りは稲霊の霊力の発現によるものと考え、それとともに稲霊を人間の霊魂と同質のものとみなす信仰です。稲作民が米を主食とするのは、霊魂を維持・増殖させるためなのです。稲霊は、霊威を発現して稔りをもたらすと、霊力を使い果たして死の状態になってしまいます。死の状態となった稲霊は新穀に籠り、収穫されて倉に収納されますが、冬の間、稲霊は倉の中でその霊威を再生するのです。

要するに、倉には、稔りをもたらして霊力を使い果たし、死の状態となった稲霊の霊威を再生させるという宗教的な機能があるのです。このような倉の宗教的な機能を象徴するネックレス状の玉が、倉の中に祭壇・棚を設けて安置され、倉の宗教的な機能はその玉の呪力によって発現されることとなり、それが神格化されてミクラタナの神と称されたのではないかと考えられます。

それでは、なぜそのようなミクラタナの神が高天原の統治権の象徴とされるのでしょうか。日本の古代王権は、稲作農耕社会を基盤としており、その最高首長である天皇の霊威は稲霊で表象されます。稲霊を体現した天皇の霊威が発現することによって、社会全体に豊穣・稔りがもたらされると考えられているのです。

また稲霊信仰は、次のような宗教的世界観を伴います。稲霊信仰は、稲作が行われる現世（この世）と稲霊の霊威が生成される他界（あの世）の二つの世界を観念して展開します。稲霊は、他界で霊威が生成されて、春に種籾に籠って現世に来臨します。そして稲霊が現世で霊威を発現して、この世に稔りがもたらされるのですが、霊力を使い果たして死の状態となった稲霊は、他界に帰還します。そして他界で霊威を再生して、翌春、また現世に来臨する。このように、稲霊が現世と他界の間を、死と再生を繰り返しながら、この世に稔りがもたらされるというのが稲霊信仰の宗教的な世界観です。先ほど述べた倉の宗教的機能は、こうした稲霊信仰の宗教世界観に基づいており、他界の稲霊再生の機能に相当するのです。

記紀神話は、稲作農耕社会を基盤とする日本の古代王権の王権神話であり、その世界観は、稲霊信仰の宗教世界観に基づいています。記紀神話の世界観については、最初にご紹介しましたが、王権支配の根源的な世界である天上世界（他界）＝高天原、天皇が支配すべき地上世界（現世）＝葦原中国の垂直的他界観を基軸とし、高天原が、稲霊に表象される天皇の霊威を生成・再生する他界であり、葦原中国を天皇が支配し、そこで天皇の霊威が発現されて、この世に稔りがもたらされるのです。

こうしてみると、高天原の性格は、稲霊の霊威を生成・再生させるという倉の宗教的機能と同じであり、倉の霊力の神格化であるミクラタナの神の神威は高天原の霊威に相当するということができます。アマテラスは、ミクラタナの神という首飾りを帯することによって、稲霊の霊威の生成・再生という、高天原の宗教的な機能を発揮することとなり、それゆえにミクラタナの神は、高天原の統治権の象徴となり得たと理解することができます。

以上のように古事記にみえるミクラタナの神の性格を理解することにより、王権神話の中で、玉が稲霊の霊威を再生・生成する霊力を発揮する呪物と考えられていたことがわかります。

## 二、大殿祭《おおとのほがい》と玉

次に、古代王権の祭儀から、玉の性格を考えてみたいと思います。大殿祭という祭儀に注目します。十一月の新嘗祭《にいなめさい》、六月・十二月の神今食《かむいまけ》という祭儀において、天皇は中和院《ちゅうかいん》神嘉殿《しんかでん》で親《みずか》ら神事を執り行いますが、大殿祭は、それと並行して天皇の日常の居所である仁寿殿《じじゅうでん》という殿舎で行われます。

大殿祭の次第は、延喜式によれば**（史料2）**、まず、①忌部《いんべ》が御殿の四隅に玉を掛け、次に②御巫《みかんなぎ》という女性の神職が殿内の四隅に酒・米・切木綿を撒き、そして③忌部が小さい声で祝詞を申すというように展開します。この大殿祭の中で御殿の四隅に懸けられる玉には、どのような宗教的な意味があるのかという問題を考えてみたいと思います。

**図1**は内裏図で、中央に儀礼のとき天皇が出御する紫宸殿《ししんでん》があります。その紫宸殿の裏側に、天皇の日常の居所である仁寿殿があり、ここで大殿祭が行われます。

新嘗祭では、天皇が新穀の神酒《みき》・御饌《みけ》を飲食して稲霊と一体化し、死と再生の儀礼が行われます。

【史料2】『延喜式』四時祭上二五大殿祭条

・・・すなわち御巫ら各筥を取れ。中臣・忌部・御巫ら次を以て御殿に入れ。①忌部は玉を取り、殿の四角に懸《か》けよ。②御巫らは米・酒・切木綿を殿内の四角に散《ま》いて退出せよ。中臣は御殿の南に侍り、③忌部は巽に向かいて微声にて祝詞を申せ。・・・

新嘗祭は一般に収穫感謝祭といわれていますが、稲霊信仰の観点からすると、稲霊と一体化した天皇の霊威を再生する祭儀であり（神今食にもそれに準ずる意義があり）、これと並行して、御殿の霊威を更新するのが大殿祭です。

その大殿祭で、玉が御殿の四隅に掛けられるのですが、この玉は御殿の霊威を象徴する呪物と考えられます。新たな玉を御殿に掛けて、御殿の霊威を更新するという意味がありました。これを執り行うのが忌部氏ですが、忌部氏がどういう氏族かというと、律令国家の祭祀は、中臣氏と忌部氏という二つの氏族が担当することになっており、中臣氏が祝詞《のりと》の奏宣《そうせん》や卜占を担当し、忌部氏は幣帛《へいはく》や供神《ぐしん》調度（神への捧げ物の器類）の準備、あるいは祭殿の造営などに携わります。

律令国家の祭儀のほとんどは、中臣氏が中心となって執行されるのですが、唯一、大殿祭だけは、忌部氏が中心となって執行されます。

律令国家成立以前のヤマト王権の時代に、王権祭祀に奉仕する集団の一部が忌部として組織され、その統率者が忌部氏となります。忌部氏の構造は、中央忌部氏と地方忌部氏に分かれており、中央忌部氏が中央で王権祭祀に直接奉仕し、地方忌部氏は、各地で幣帛や供神調度などの原材料を調達するという役割を担います。地方忌部は紀伊忌部、阿波忌部、讃岐忌部、筑紫忌部などがあり、出雲玉作も地方忌部のひとつに数えられます。

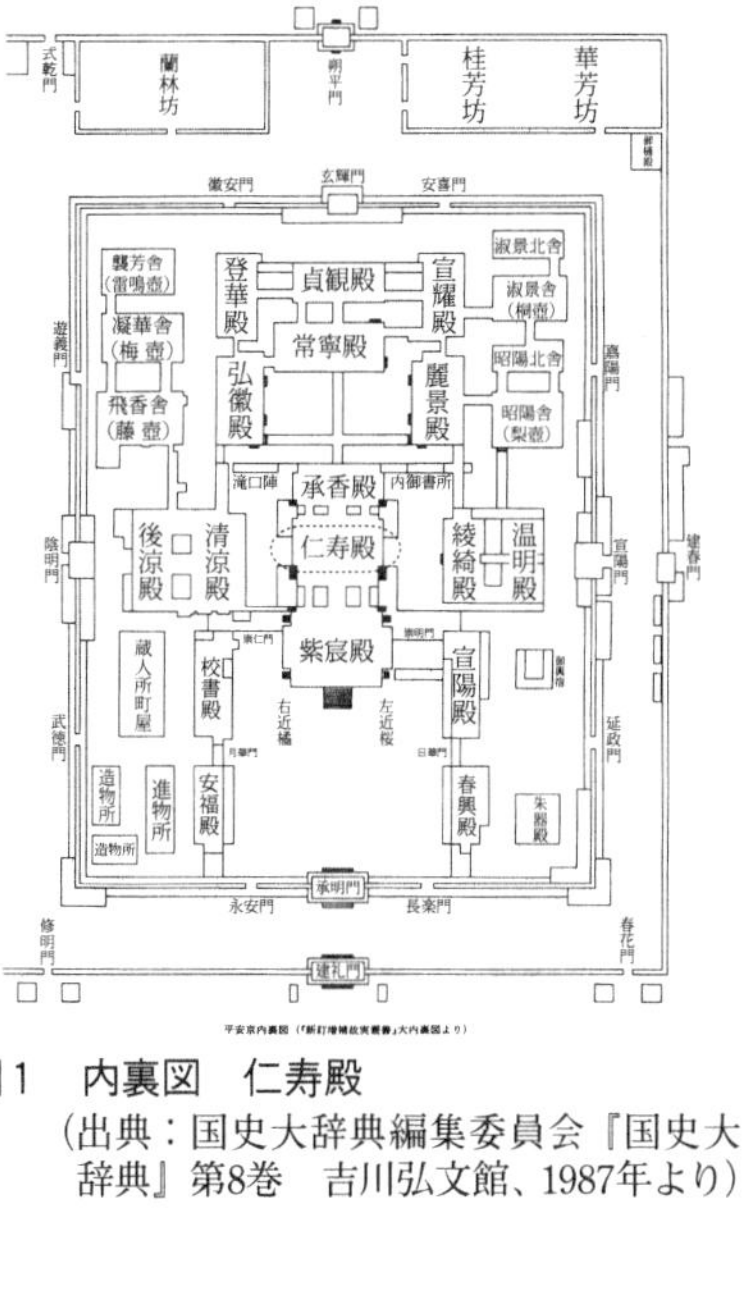

図1　内裏図　仁寿殿
（出典：国史大辞典編集委員会『国史大辞典』第8巻　吉川弘文館、1987年より）

平安時代の初頭に作られた忌部氏の家伝『古語拾遺』には、初代天皇神武の即位のときに、中央忌部氏の祖アメノトミという人物が、紀伊忌部氏の祖タオキホオイ・ヒコサシリを率いて、天皇の御殿を造営したとあり、神武の御殿造営を紀伊忌部氏が担当したとされています。紀伊国は、本来「木の国」であり、古くから王権に木材を供給する国でありました。ヤマト王権の王宮や大王の御殿の用材に紀伊の木材が使われて、その造営に中央忌部氏と紀伊忌部氏が関与した奉仕の由来を、神武天皇の即位のときの御殿造営に求めているのが『古語拾遺』の記述です。大殿祭は、このように初代天皇以来御殿造営の奉仕を務めていたとされる忌部氏が、新嘗祭・神今食と並行して御殿の霊威を王権始源の状態に更新すると観念された祭儀といえます。

では、御殿の霊威とは何でしょう。御殿にも、先ほどの倉と同じように、物理的な機能と宗教的な機能があります。御殿には、そこに住む人の生活空間という物理的機能と、もう一つ、そこに住む人の霊威を再生する宗教的機能があります。御殿の霊威は、この宗教的機能を発揮する霊威なのですが、それでは御殿の宗教的機能とはどのようなものなのでしょうか。

人は、昼は起きて活動し、夜は寝て体力を回復し、これを繰り返しているのですが、古代の人々は、夜間の就寝を、死と再生を模擬的に行っていると考えていました。大殿祭が行われる御殿には、天皇の寝所も設けられ、天皇が就寝することを「大殿籠《おおとのごも》る」と言います。御殿は、天皇の霊威を日常的に再生させる空間であり、そのような御殿の宗教的機能の象徴が、大殿祭で掛けられた玉であったと考えられます。

新嘗祭では（神今食でも）、天皇が稲霊と一体化して霊威を再生しますが、それと並行して、日常的に天皇の霊威を再生する御殿の霊威を更新するのが大殿祭ということになります。ところで既にお気付きのことと思いますが、最初にお話したミクラタナの神は、倉の宗教的機能の神格化したネックレス状の玉でした。天皇の御殿の宗教的機能も玉によって象徴されています。その玉は、延喜式に単位が「六十連」など「連」とあることから、ネックレス状の玉であったことがわかります。この両者は、どちらも天皇の霊威を再生する呪力をもった玉でありました。

先ほども述べたように、天皇の霊威は稲霊と同質と考えられております。古事記のミクラタナの神や大殿祭で御殿に懸けられる玉には、それを再生するという共通した呪力がありました。王権の祭祀、神話に見える玉には、稲霊の霊威、また、その稲霊を体現する天皇の霊威を生成・再生する宗教的機能が認められるのです。

## むすびにかえて——古代王権と出雲の玉——

大殿祭に用いられた玉は、延喜式（史料3）をみると、「御富岐玉」＝ミホギ玉と呼ばれ、出雲国意宇郡の神戸の玉作氏が造り備えるとされています。

【史料3】『延喜式』臨時祭七四御富岐玉条

凡そ出雲国、進《たてまつ》るところの御富岐玉《みほきだま》六十連〈三時の大殿祭《おおとのほかい》の料に三十六連、臨時に二十四連〉は、毎年、十月以前に意宇《おう》郡の神戸《かんべ》の玉作《たまつくり》氏をして造り備えしめ、使を差して進上せよ。

この意宇郡の神戸とは、先ほどから名前が出ている忌部神戸のことで、現在の玉造温泉の周辺になります。この地には花仙山という碧玉、瑪瑙、水晶などの玉材の産出地があり、古墳時代には玉作りの中心地でした。

大殿祭に用いられるミホギ玉は出雲の玉であり、その玉の呪力で、御殿に住まう天皇の霊威が再生されることによって、出雲は、王権の宗教的世界観のなかで、天皇の霊威に関わる呪力をもった玉を供給する、特殊な地域として認識されたとみられます。記紀神話において出雲が特殊な地域として位置づけられる理由はこの点にあると、私は考えています。

私の報告は以上です。ご清聴ありがとうございました。

パネルディスカッション

# 「玉が語る　古代出雲の輝き」

## パネラー

米田克彦 氏

菊地照夫 氏

司会

清岡央 (きよおか・ひさし) 氏

読売新聞文化部記者

1976年、石川県生まれ、神奈川県育ち。一橋大学社会学部卒業。同年読売新聞東京本社入社。前橋支局、経済部を経て、文化部で2010年から歴史、文化財、世界遺産などの報道に携わる。2011年から2年間は、大阪本社文化生活部関西の遺跡などを取材した。

北條芳隆 (ほうじょう・よしたか) 氏

東海大学文学部教授

1960年、長野県生まれ。大阪大学大学院博士課程単位取得満期退学。文学修士。専門は日本考古学。主な著作に『古墳の方位と太陽』(同成社)、『古墳時代像をみなおす』(共著　青木書店)、「腕輪形石製品の成立」(『待兼山論叢』24) など。

○清岡央

ただいまご紹介いただきました、読売新聞の文化部の記者をしております清岡と申します。このディスカッションは二つの段階で議論を深めたいと思います。まず、古代社会にとって、玉はどのような役割を果たしていたのか、さらに詳しく考えます。その後、特に古代の出雲に注目して、出雲の玉が古代社会でどういう存在だったかに迫りたいと思います。

まず、古代社会にとって玉とは何だったのか。これを考えるにあたって、世界史的に見て、玉というのがどういう存在であったのか、北條さんからお話をいただければと思います。

○北條芳隆

ここ十年間、日本考古学界の認識は大きく変わりました。ガラス小玉の流入が、一体どこから来たのだろうか、どのようなルートを辿ってきたのだろうか、という点についてです。弥生時代と古墳時代には大量のガラス小玉が日本列島に流入してきますが、すべては舶来品です。中国、あるいは朝鮮側も受容者の側であったことが分かってきました。

ガラス小玉の二本の流入ルートを見ますと、どちらも出発点はエジプト、中近東になります。そのうちの一つのルートは、ご承知のシルクロードです。もう一つ最近注目されておりますのが、インドパシフィックビーズと言われる、これはインド洋と太平洋の南側の沿岸を経由して、日本列島や中国、朝鮮半島に入ってきているルートです（図1）。

このように東アジア圏をはるかに超えた世界規模の流通であったことが分かってきたので

す。ここが最近注目される話題です。

　また、先ほどの米田さんの話をお聞きになると、例えば「古墳時代の人々はおしゃれだったよね」といったイメージを抱かれるかもしれません。しかし実状はそうでもない。むしろ、玉は人々がおしゃれを楽しむという性格の装飾品とは全然違った可能性が高いと思うのです。

「魏志倭人伝」と、その前にある「馬韓《ばかん》伝」を比べてみれば、馬韓の人々、朝鮮半島の西南海岸の人々は日常的に玉を衣服に飾ったり、あるいは首や腕に巻いたりという形で盛んに身を飾っていたことが分かります。それに対して倭人はどうだったかと言えば、身体装飾は入れ墨とボディペインティングで玉の記載がないのです。

　その反面、馬韓伝には「珍宝を産出せず」とあります。この珍宝とは何かというと、玉の原

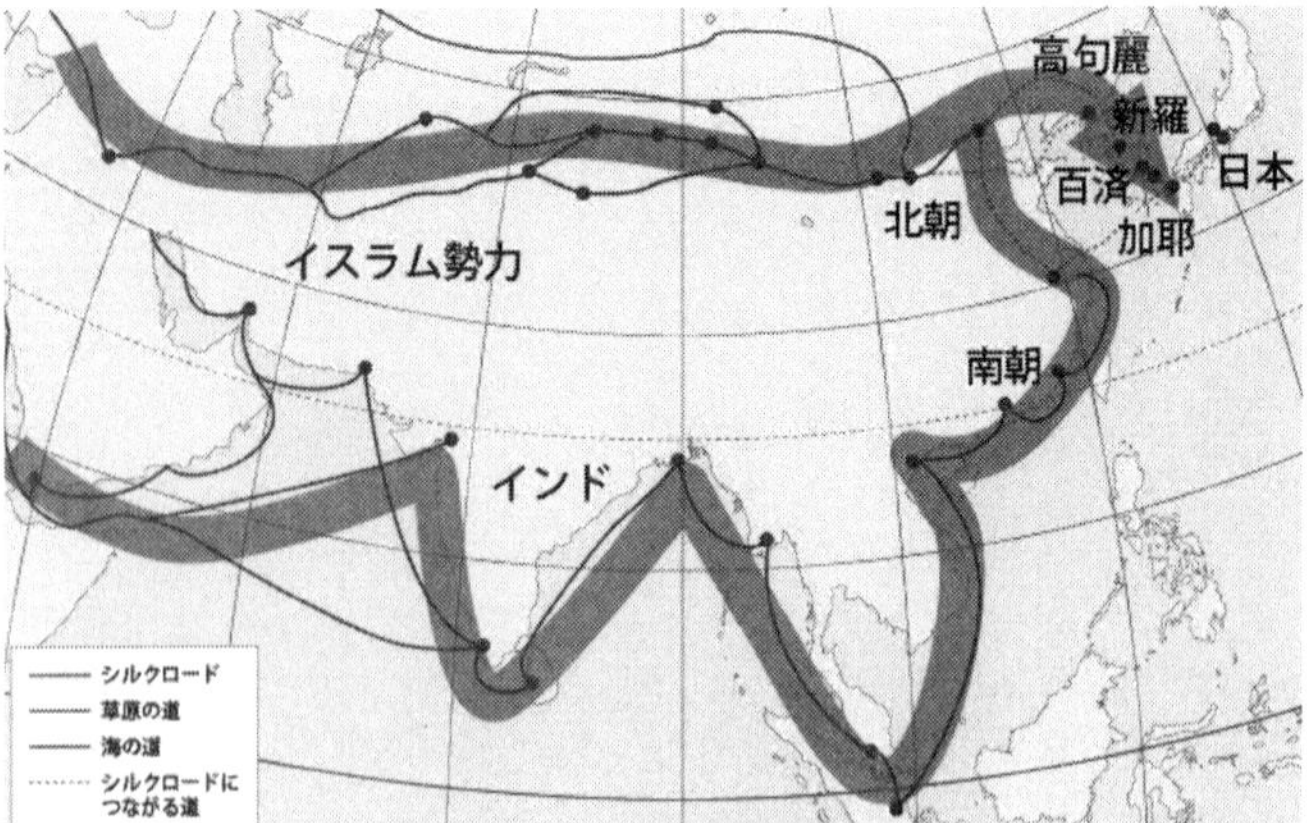


図1　インド・パシフィックビーズ

石になる素材です。それは産出しないのですが、人々は玉でおしゃれを楽しんでいた、ということになります。

この点は非常に重要なポイントになると思います。

というのも、一方の倭人伝には「真珠・青玉を出す」とあるからです。米田さんの報告にありました鉱物や石の玉です。あるいは、真珠はまさに今の真珠の可能性もありますね。

こうした記事を書いたのは魏王朝側です。つまり日本列島から珍宝が出ることは彼らも知っていた。けれども、ご当地の人々は玉を飾っていないという、非常に対照的なあり方なのです。

そのことと関連するのが、卑弥呼の跡を継いだ女王の壱与から魏王朝への朝貢品としてある、白珠五千孔・青大勾珠二枚です。つまり倭国の側では、国外向けの輸出品として玉は利用されるという側面があったと読めるのです。ですから、倭国の人々がおしゃれだったと言えるかどうか。じつは大いに疑問なのです。

同じように「古事記」では玉がどのような場面で登場してくるのか、どのような使われ方をしているのかについては、菊地さんの報告の通りです。アマテラスに関わる祭祀の場面、あるいは皇女や皇妃など、非常に高い身分の女性に限って登場してくるので、玉の使用というのは制限されていて、しばしばお祭りにしか使われないということです。こういう特徴は、「古事記」をみても確認できるのです。

さて、では人間の歴史の中で、玉はどういう性格を帯びていたかといいますと、旧石器時代に登場してくる最初の貨幣であった可能性が高いのです。

装飾貨幣という言葉は耳慣れないかと思いますが、それまで見たこともない美しい玉をプレゼントされた側は、多大な負債感を抱いてしまい、何をお返しにしたら良いか分からず戸惑ってしまうケースがありえます。場合によっては送った側の言いなりに返礼をせざるをえなくなる、ということです。実際に、ガラスのビーズ玉は、大西洋の奴隷貿易の原資にもなったという厳しい歴史があるのです。

つまり玉の流通を野放しにしておくと、社会を崩壊させかねない危険が伴うこと、この点に対して日本の弥生文化や古墳文化の人々は、防衛本能を発揮したのかもしれないと思うのです。先ほど申しましたとおり、お祭りに使用することは多かったようです。これは他界の住人への支払いだとも読めますから、現実世界への実害はありません。

そのような場合か、あるいは極めて高貴な方々の、恐らく日常的な使用ではなくて、お祭りの場面でだけ着装させるというような形で、貨幣としての怖さを重々承知していたので、それを封じ込める。場合によっては輸出品に回すというような性格だった可能性があるということです。

**○清岡央**

つまり、世界的に見て弥生時代、あるいは古墳時代の日本というのは、玉を持っていたのはどうも有力者に限られていたと。そして、東アジア全体で見ても特異な例だというようなことですね。

○**北條芳隆**

おっしゃるとおりです。

○**清岡央**

古代の日本列島では、米田さんのご報告にあったように、膨大なエネルギーを使って、玉が各地で作られたのですよね。それほどエネルギーを割いてまで社会が玉を作り続けたというのはどうしてなのかを考えたいと思います。米田さんのご報告で、古墳時代に玉生産が大きく展開していく、とお話がありました。その理由はどうしてなのでしょうか。

○**米田克彦**

古墳時代になると、玉は主に古墳に副葬されるようになることが大きな理由と考えられます。

山陽地方の岡山県と広島県で玉が出土した遺跡のデータをまとめてみると（**図2**）、縄文時代と弥生時代は集落

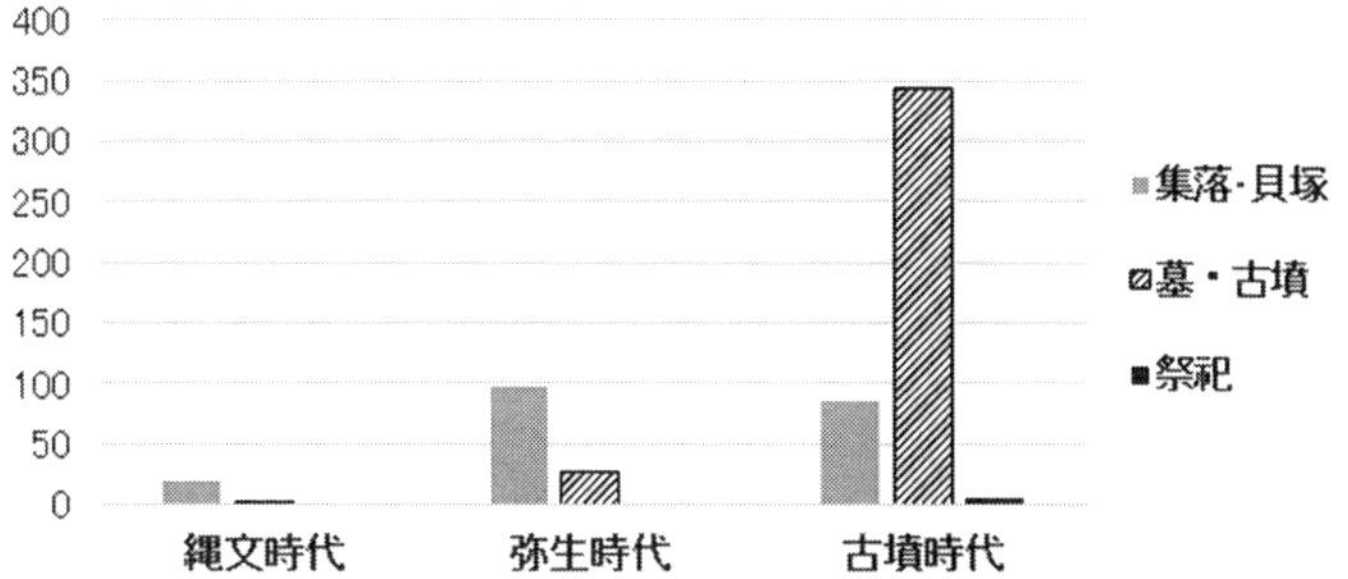


図２　山陽地方における玉の出土遺跡の数
（出典：島根県古代文化センター『古代出雲における玉作の研究Ⅱ』2005年をもとに作成）

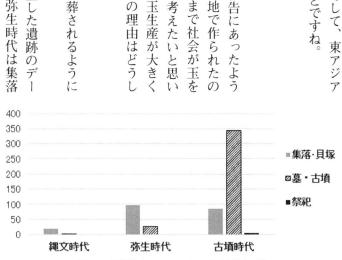

や貝塚から玉が出土することが多いのに対して、墓からはあまり出土しません。つまり、縄文時代や弥生時代には集落で生活している人が玉を身に付けている可能性があります。

ところが、古墳時代になると、玉が出土する遺跡数が多くなるだけでなく、玉が出土した遺跡全体の半数以上が古墳から出土するようになります。

これは岡山県や広島県に限ったことではなくて、古墳が造られた地域であれば、列島各地で同じような傾向が見られると思います。墓や古墳から出土する遺跡の数をみると、古墳時代になってから大幅に増えていくので、弥生時代までとは玉の使われ方が変わったと考えられます。

弥生時代中期後半から後期になると、列島の特定の地域に造られた王や首長の墓には、しばしば玉が副葬されるようになります。例えば、京都府の赤坂今井墳墓では、頭の周りを取り囲むように勾玉や管玉が並んで見つかりました（図3）。また、岡山県の楯築墳丘墓では、首や胸のあたりに一つの勾玉と多くの管玉が連なったように出土しています。

さらに、島根県の西谷三号墓では、首や胸のあた

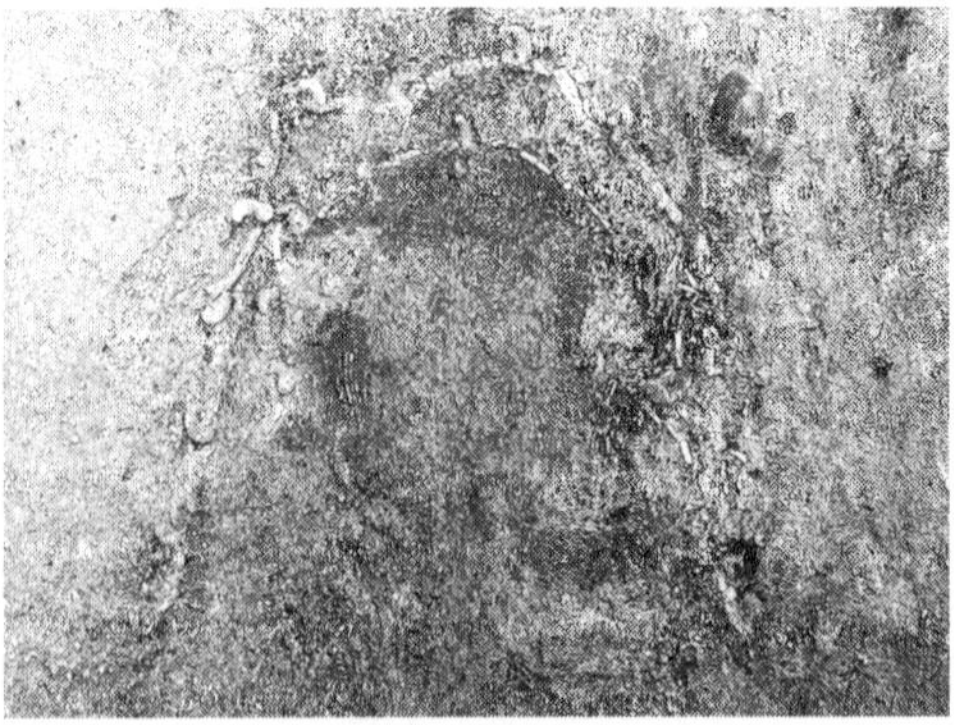

図3　京都府 赤坂今井墳丘墓玉類出土状況
（写真提供：京丹後市教育委員会）

りに複数の管玉を連ね、頭の両脇に勾玉を一つずつと小さな玉が付けられた状態で見つかっています。

古墳時代になると、玉は古墳の副葬品として主に用いられます。奈良県の島の山古墳では、木棺の周りに、大量の腕輪形石製品を配置し、木棺の中央の赤い顔料で塗られたところには被葬者が安置され、その首や両手のあたりに管玉などの多くの玉が副葬されています。また、古墳時代後期の奈良県藤ノ木古墳では、石棺のなかにきらびやかな副葬品がありました。その中には、金属の首飾りやガラスの玉が連なったままの状態で見つかったほか、小さい玉が衣服に縫い付けられたような状態で出土しました（図4）。

このように、古墳時代には、玉は古墳に副葬するために用いられていたということが分かります。

**○清岡央**

青木繁の絵のように、近世・近代の絵画では、やはり日常生活を飾るような、おしゃれの道具として使われたようなイメージで玉が描かれています。

図4　奈良県 藤ノ木古墳玉類出土状況
（写真提供：奈良県立橿原考古学研究所）

それはそのまま現代人が玉に対して持つイメージではないかと思いますが、どうやら違う使われ方をされていた、ということでしょうか。では、どのような場で使われたと考えればよろしいのでしょうか。

**○米田克彦**

先ほどは古墳の副葬品について話しましたが、それとは別に、古墳時代には玉を用いたマツリも盛んに行われました。世界文化遺産にも登録された福岡県の宗像沖ノ島では、四世紀後半ごろからマツリが行われています。

沖ノ島では、銅鏡の下に勾玉や管玉などが置かれた状態で見つかっています。沖ノ島では王権の国家的なマツリに玉が使用されていますが、玉以外にも古墳に副葬される様々なものがマツリの場で使われています。

また、奈良県の大神《おおみわ》神社に山の神磐座《いわくら》遺跡があります。ここでも三輪山のマツリで玉が使われています。古墳に副葬されるような勾玉もあれば、灰色の軟らかい滑石を使うことで、玉を非実用的なものに作り変えて、マツリの道具として使っています。こういう滑石製の玉を用いたマツリは古墳時代中期に列島各地で盛んに行われるようになりました。

このほか、群馬県の三ツ寺Ⅰ遺跡では豪族の居館のなかで玉を使ったマツリが行われていますし、長野県と岐阜県境の神坂峠《みさかとうげ》で行われたマツリでも玉が見つかっています。古墳時代には古墳の副葬品以外にも、こういったマツリの場でも玉が用いられました。

**○清岡央**

古墳時代というのは、特に四世紀・五世紀、時に全長三〇〇メートルを超えるような巨大な古墳を築くことに、社会全体が膨大なエネルギーを注ぎ込んだ時代だったと言えます。そうした葬送儀礼を重視する社会だったからこそ、玉作りが盛んになった。そして、それらは境界域であったり、異界と接する域であったり、水が出る大事な場所であったり、当時の人々にとっての重要な場所で祭祀が行われるようになったために、そうした重要な場所で玉が使われた、ということだと思います。

それに絡んで、先ほど菊地さんのご報告の中で、玉が天皇の霊威を再生することを象徴する、というお話もありました。では例えば、天皇以外の民衆にとっても、再生を象徴する存在だったと考えてよろしいのでしょうか。

**○菊地照夫**

米田さんのほうから、五世紀になると、今までの死者への祭りとは別に、神への祭りに玉が使われるようになるというお話しがありましたが、祭祀用の玉の代表的なものとして、子持勾玉があります（**図5**）。

子持勾玉の祭祀のあり方を考える上で参

図5　滑石製の子持勾玉
（二名留古墳）
（所蔵：松江市、写真提供：島根県立古代出雲歴史博物館）

考となるお祭りが、現在も行われています。長野県松代町の玉依比賣命神社《たまよりひめのみことじんじゃ》で行われている児玉石神事《こだまいししんじ》です。この神事は、正月の六日に田遊びをして、その翌日七日の朝に行われます。玉読み神事とも言われます。

この神社には、勾玉をはじめとするたくさんの玉が神宝として保管されており、その玉を数えるのですが、その中心は三つ石と呼ばれる大きい子持勾玉です。櫃に納められた玉の数を神職が「ひとつ、ふたつ……」と読み上げて、氏子総代がその数を記録して、玉の総数の増減によってその年の農作物の作柄の吉凶を占います。

この神事の特徴は、玉の数は毎年、前年よりも増えていることです。それによってその年の豊作が約束されるというのです。記録によれば江戸時代の宝永三年（一七〇六）には二九二個、天明三年（一七八三）には約五〇〇個、昭和五年（一九三〇）には七六三個、今年（二〇一八）は八四九個だったといいます。この神事では、子持勾玉の霊力で新しい魂が生みだされ、だから玉の数が増えていくと考えられているのですが、前日に田遊びが行われているように、新年の稲作の予祝祭として行われていることからすると、子持勾玉の霊力によって増殖された魂は稲霊とみることができます。

それではこの神事の起源はどこまで遡るかというと、実はこの松代町の近辺、長野市、善光寺平の周辺からは、子持勾玉が非常に多く出土しています。古墳時代にこの周辺で、子持勾玉の祭祀が盛んに行われていたのです。また玉依比賣命神社は、延喜式に記載された神社（式内社）で、平安時代の前期には確実に存在していました。祭神は、名前が示すように玉の女神です。この児玉石神事も、恐らく古代から、もしかしたら古墳時代から行われていた可能性が考えられるかもしれません。

先ほどの私の報告で、玉に稲霊の霊力を生成・再生させる呪力があったという古代王権の玉の信仰の話をしましたが、このような長野県、信濃国の地域社会で行われている稲作農耕祭祀の中にも、同様の信仰が認められるのです。

**○清岡央**

ありがとうございました。つまり、稲作文化を持つ日本人としての、豊穣への祈りのような意識が込められていたのではないかな、と想像したくなるところです。ただ、勾玉のあの形というのは、縄文時代からもあった、狩猟採集時代からもあったのではないか、という話も先ほどお聞きしたところです。

そこで米田さん、勾玉はどうしてあのような独特の形をしていると考えられているのでしょうか。

**○米田克彦**

勾玉はとても不思議な形をしています。なぜ、このような形をしているのかというのは、私もよく分からないのですが、勾玉の様々な種類を**図6**にあげています。

**図6**の**7**や**8**の勾玉は、現代に生きる私たちがイメージする勾玉の形ですが、**図6**の上段

にある1や2の勾玉はあまり見慣れない勾玉の形です。勾玉の起源についてはよく分からないのですが、今のところ、縄文時代の前期には勾玉の形をした玉があります。初期の勾玉というのは曲がった玉でした。この形が何を意味しているかは、様々な説があります。

一つは牙。縄文時代の玉のなかには、動物の牙に孔をあけた玉がありますので、そういう牙の玉が初期の勾玉だという意見があります。

二つ目は、人の亡骸の形。人の亡骸を埋葬するときに屈葬しますが、その形を玉に表したという意見もあります。このほか、赤ちゃんの胎児の形、三日月、人の腎臓の形など様々な意見があります。ただ、実際のところ、勾玉の形が何を表しているのか、その起源については未だ謎のままです。

縄文時代には、翡翠製の勾玉が晩期に登場しますが、このときも様々な形の勾玉があります。

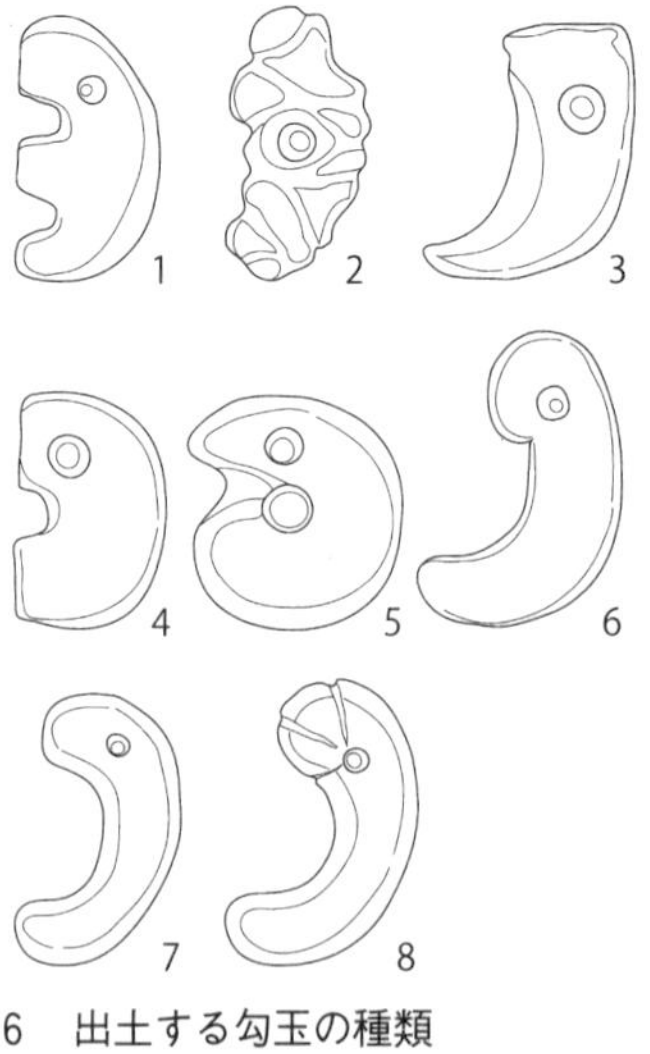


図6　出土する勾玉の種類
（出典：瀧音大「考古学からわかる勾玉の変遷と拡がり」『目の眼』492、2017年より）

弥生時代になっても、佐賀県の宇木汲田《うきくんでん》遺跡から出土した勾玉（図7）は、半透明で澄んだ緑色の翡翠で作られています。この頃も勾玉の形は様々でした。縄文時代的な勾玉の形もあるし、古墳時代につながるような、大きくて頭部が円くて尾部が長い勾玉もあります。また、北陸地方では小さな半円形の勾玉がありま す。ガラス製の勾玉は、性質上、溶かしたガラスから勾玉を作るので、様々な形があります。

ところが、古墳時代になると、現代の私たちがイメージする単純な勾玉の形のものが多く見られます（図8）。このころは翡翠以外にも碧玉、瑪瑙、水晶、滑石、ガラス、金属製の様々な材質で勾玉が作られます。ただ、材質は様々ですが、勾玉の形は整っており、この頃《ころ》に勾玉のイメージが広く共有されるようになったのではないかと考えています。

**○清岡央**

まだ確かなところは分からない、というのが実際か

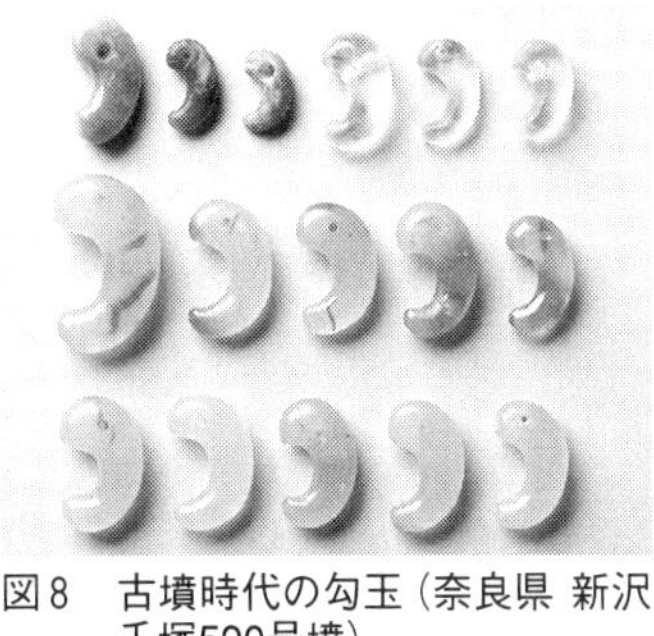

図8　古墳時代の勾玉（奈良県 新沢千塚500号墳）
（所蔵・写真提供：奈良県立橿原考古学研究所附属博物館）

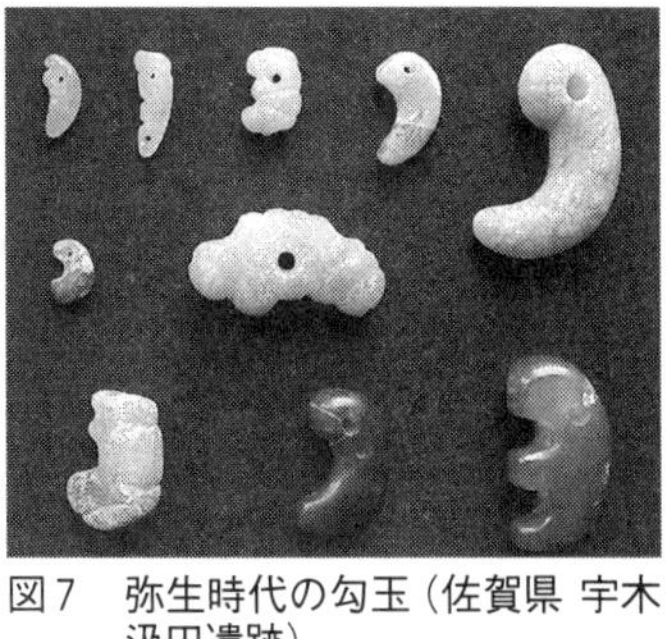

図7　弥生時代の勾玉（佐賀県 宇木汲田遺跡）
（所蔵・写真提供：佐賀県立博物館・美術館）

と思いますが、玉が何らかの実用的な機能を持っているというよりも、人々の心がその姿にどのような意味を見出したか、という観念的な機能が大きかったということは、何となく言えそうな気がします。

葬送や儀式で重要視されたのはその表れと言えそうですし、意識の領域にある機能だからこそ、我々現代人にとっても少々分かりにくいと言えるのではないかと思います。

それでは北條さん、ここまでの議論を踏まえて、最初のテーマ、日本の古代社会にとって玉とは何かについて、まとめをお願いいたします。

**○北條芳隆**

今の米田さんのお話からもお分かりかと思いますが、日本列島で玉は何をイメージしていたかというと、端的には勾玉だというところです。この点についてはご理解いただけたかと思います。

それから、九世紀の北海道の奥尻島の青苗《あおなえ》遺跡に持ち込まれて、そこの埋葬で使われた翡翠の勾玉は、作られたのは数百年前です。数百年間ずっと伝世をしてきたのです。使われていたとすれば、穴の部分がもっと擦り減っているはずなのですが、それが全くない。

米田さんのお話にもありましたが、古墳の副葬品として出土する玉に使用痕があるのだろうか。この点は注目すべき観察項目です。日常的にぶら下げてたら必ずどこかが欠けますよね。そのような欠けた痕跡がほとんど認められないことが多いのです。小規模な古墳や関東など周縁ではいくつか認められるのですが、近畿地方の大規模な古墳の場合は、新品を副葬している場合が圧倒的に多いのです。

一方では勾玉が日本の玉の象徴で、代表であるとともに、非常に長い間、大切に伝世されて、ここぞ、というときに使われる。それはどこかというと重要人物の葬儀であったり、神を呼び込む祭りであったりと、そういう性格を持っているのだろうと思います。

同じように、先ほど、「ガラスビーズは日本列島にはインドパシフィックを通じて入ってきた」と言いましたが、このガラス小玉をわざわざ打ち割って溶かし、再度勾玉に再生しているケースがあります。これを再生勾玉といいますが、こういう習俗を見ても、やはり勾玉こそが玉であるというイメージは非常に強かったのだろうなと思います。

それからもう一点。日本列島での勾玉が特別な意味を持っていたというのは、琉球王朝の聞得大君《きこえおおきみ》の例など、女性の司祭がお祭りを仕切るということからもうかがえます。彼女たちのお祭りのアイテムとして、勾玉は不可欠だったのです。では、琉球王朝でも勾玉を作っていたかというと、そうではなくて、これは古墳時代に作られた勾玉が、十四世紀以降、日本列島の各地でかき集められて、大量に琉球王朝に送られ、そこで司祭たちが身に付けてお祭りに使っているというあり方が認められるのです。

ですから、琉球王朝のノロ（女性司祭）の勾玉を見ましたらびっくりします（図9）。「これは何だ。古墳時代のものではないか」と。数百年、千年以上の余命を保ちながら、やは

図9　ノロ（女性司祭）の勾玉
（所蔵・写真提供：東京国立博物館、Image : TNM Image Archives）

りこれはお祭りに使われていたのだと。身体を飾るおしゃれのアイテムというところをかなり飛び越えて、大きな意味を持っていたと言えるのではないでしょうか。

**○清岡央**

ここまでのお話で、玉、特に勾玉というのが、単なるおしゃれの道具ではなくて、祭祀の上で、人々の心の上で重要な役割を果たしていたこと。そして、それはヤマト王権を始め、時の権力と深い関わりの上で人々の心に影響を及ぼしていたこと。さらにその記憶の一部というのは、社会の一部に残って、後の世にも伝わっていったのではないか、ということが分かってきたかと思います。

そこで、本日の次のテーマになりますが、出雲の玉が何を語るのか、歴史的な意義に迫ってまいろうと思います。

米田さんにはご報告の中で、日本列島全体の玉作りを俯瞰していただきましたが、出雲の玉作りの画期というのはいつだったのでしょうか。

**○米田克彦**

出雲は弥生時代から玉を作っているのですが、古墳時代になってからの大きな画期は、四世紀後半、五世紀後半、六世紀中頃です。

先ほど、勾玉の話をしましたが、弥生時代までは勾玉は緑色半透明の翡翠製が基本で、後期にはガラス製勾玉も出現します。古墳時代になっても、翡翠製の勾玉は引き続き作られますが、前期末以降は勾玉に白濁色の翡翠が用いられ、質が落ちます。

ところが、四世紀後半、古墳時代前期後半になると、翡翠と同じ緑色の碧玉、赤色の瑪瑙、白色透明の水晶で勾玉が作られるようになります。これらは弥生時代には見られなかった勾玉と石材・色の組み合わせです。こうした新たな勾玉を作ったのが出雲の玉作りの工人たちで、一種のブランドのようなものを作り出したと言えます。

ただ、出雲の玉作り工人が新たな勾玉を勝手に作ったかというと、そうではないと考えています。古墳時代になると、ヤマト王権が成立し、玉の生産と流通をコントロールしながら列島各地の古墳に玉を流通させました。古墳時代前期の規模の大きな古墳には良質の翡翠製勾玉が副葬されますが、碧玉、瑪瑙、水晶製の勾玉はやや規模の小さな古墳に副葬されることが多いです。ヤマト王権は勾玉の材質にランクを付けるとともに、古墳に副葬する勾玉の需要を満たすために、翡翠製だけではなく、新たに碧玉、瑪瑙、水晶製の勾玉を作り出すことで、勾玉の価値観を変えたと考えられます。碧玉、瑪瑙、水晶製勾玉を新たに作り出すことについてはヤマト王権のテコ入れがあり、玉に使用する石材や製作技術の特徴から、それらの勾玉の生産を支えたのが出雲だと考えています。

五世紀、特にヤマト王権が成熟してくるころに、近畿では巨大な古墳造りに伴って、玉作り以外にも鉄、土器、埴輪などの様々な生産が集中的に行われます。このうち、玉作りを集中的に行ったところは奈良県の曽我遺跡です。

この曽我遺跡は五世紀に最盛期を迎えますが、五世紀後半に島根県花仙山産の碧玉を使って管玉を大量に作っています。しかも、管玉の孔は片側からあけられており、当時の出雲で作られた管玉と同じ碧玉と技術で管玉が作られています。この頃、出雲とヤマト王権は同じ管玉を大量生産することで、密接な関係にあったと考えられます。

ところが、六世紀前半をもって、曽我遺跡では玉作りを停止します。その後、出雲では、宍道湖南岸にある碧玉や瑪瑙を産出する花仙山を囲むように、松江市玉湯町・西忌部町周辺に玉作り遺跡が集中して分布します。その中心となった遺跡は、玉造温泉のすぐ東側の丘陵上にある出雲玉作跡です。古墳時代後期になると、ヤマト王権が近畿で玉作りを行わなくなりますが、出雲ではその後も玉作りを継続的に行い、列島各地の古墳へ玉を供給したという状況が見られます。

**○菊地照夫**

ここで、曽我遺跡が廃絶して玉作りが出雲に集中する歴史的な背景についてコメントさせていただきます。

曽我遺跡が廃絶し、出雲が列島唯一の玉生産の地となるのは、六世紀中葉の欽明天皇の時代ですが、この時期は文献史学の研究では、古代国家形成の大きな画期として、大変注目されています。

この時期、ヤマト王権の列島支配体制が確立します。世襲王権の成立、すなわち天皇家が成立するのもこの時代です。それまでのヤマト王権の大王《おおきみ》は、列島の首長連合のリーダーでしかなかったのですが、この段階から君主となり、支配者となります。こうした状況の中で、新しい王権祭祀の体制が形成されます。祭官制と呼ばれていますが、祭官制というのは、先ほどの報告で律令国家の祭祀について説明した、中臣氏・忌部《いんべ》氏が中心となって王権祭祀を執行する体制で、中臣氏が祝詞や卜占を担当し、忌部氏が幣帛《へいはく》や供神調度《ぐしんちょうど》、祭殿の造備を行います（図10）。

米田さんのお話にもありましたが、曽我遺跡は、忌部氏の本拠地と隣接しており、恐らくは、忌部氏

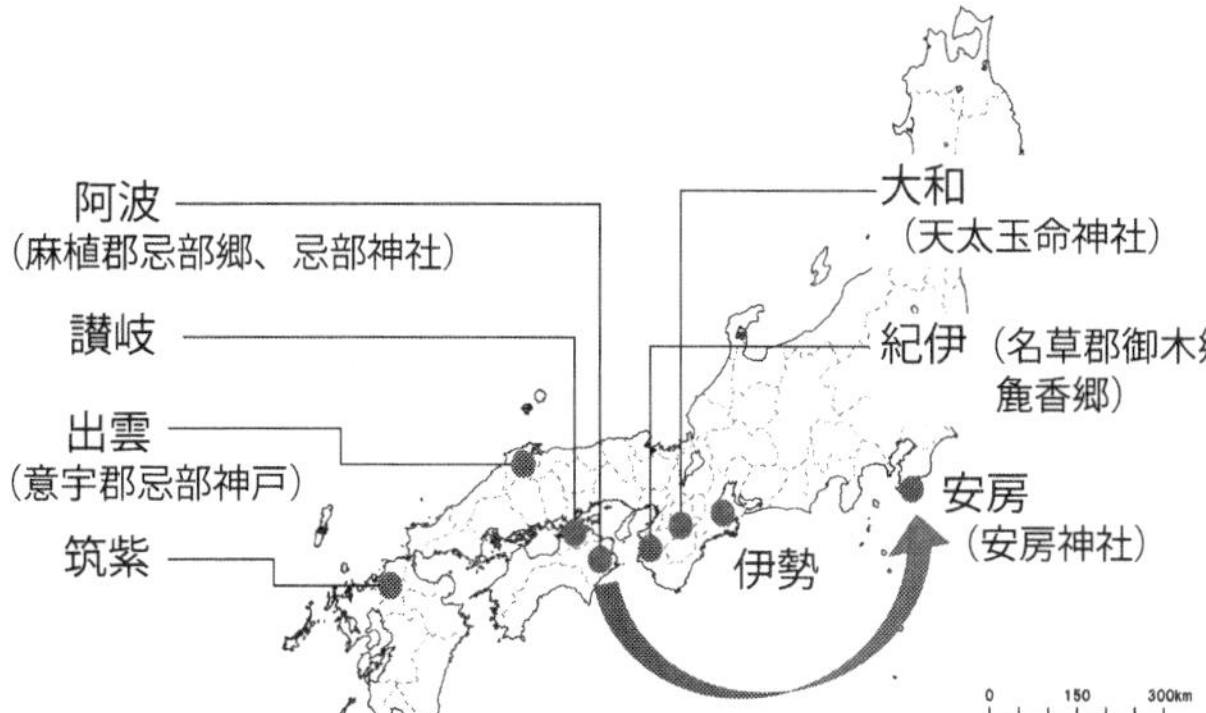

図10 『古語拾遺』にみえる忌部氏と関連地

の前身集団が曽我遺跡の玉作りを統括していたと思います。報告の中で、中央忌部氏と地方忌部氏のお話しをしましたが、曽我遺跡を統括していた集団が中央忌部氏となり、曽我遺跡で出雲から出向していた出雲の玉作集団は、地方忌部としての出雲玉作として、中央忌部氏の配下に組織されます。また曽我遺跡では玉とともに、神祭りに用いられる石製模造品も作られましたが、その要素は阿波忌部による幣帛用の布帛《ふはく》類の供進、讃岐忌部による供神調度類の供進に引き継がれていきます。

このように曽我遺跡が消滅して、出雲が列島唯一の玉作の地となる現象の背景には、欽明朝におけるヤマト王権の支配体制の確立と、それに伴う王権祭祀体制の改変、すなわち祭官制の成立という問題があったのです。

**○清岡央**

なるほど。出雲が勝手に地域独自の理由で玉を作り続けていたということではなくて、ヤマト王権が作った秩序の中にしっかり位置付けられて、それは特に六世紀後半の欽明天皇の時代を画期として、さらにしっかり位置付けられて玉を作り続けていたということではないかなと思います。

だからこそ、出雲ブランドとして、存続することができたのではないかなと思いました。

**○北條芳隆**

北條さん、王権と出雲の関わりというのは、当時どのような様相だったのでしょうか。

菊地さんのお話だと、曽我遺跡の消滅のところに焦点を当てて、ヤマト王権の支配がかなり強まるというお話だったのですが、曽我遺跡がどういう経緯で出来上がったのかというところに関連して、情報提供をさせていただきます。

島根県の考古学関係者の方々が、最近かなり意欲的に研究を進められていて、「これは当たっているな」と私も重視する問題です。全国二位の規模を誇る伝応神天皇陵がある古市古墳群には、陪冢という随伴して築かれた古墳がありますが、その多くは方墳です。陪冢とは、前方後円墳に葬られた大王の側近的な位置付けで、その被葬者は大王と非常に近しい存在であったことの表現だと考えられます。では方墳とは、一体どこで出来上がったのだろうか。それは出雲起源である可能性が高まっているのです。

つまり、この大王墓に随伴する方墳とは、ヤマト王権の側近が出雲勢力であったことの証ではなかったか、との見方が浮上してきたのです。出雲では四世紀代から方墳が造られておりましたから、そのヤマト王権側への進出だというわけですね。

五世紀の中ごろくらいの方墳である松江市の石屋古墳では、さらに重要な発見がありました。それは人物埴輪です。しかも、力士埴輪が作られています（図11）。

人物埴輪というのは、埴輪の歴史の中で、途中から登場してくるのですが、最も古い人物埴輪が力士埴輪だというのは非常に重要なところです。しかも、それが方墳に立てられるところから始まる。つまり、近習的な、側近的な位置付けであった方墳に、初期の人物埴輪が立てられ、それが日本列島全域に広がり、人物埴輪の歴史が展開したのです。

記紀神話では、野見宿禰《のみのすくね》という人物がブレインとして登場してきます。その野見宿禰は出雲の出身で、後の土師氏の祖でもあります。先ほどの菊地さんのお話では、六世紀代にヤマトの支配が強まるということですが、その前段階で、出雲の側がかなり積極的にヤマト王権を支える役割を担っていたということを示すわけです。となると、曽我遺跡という王権直属の玉作り工房にも、出雲玉作り工人たちが派遣され、技術的な進展にも結びついたということですから、出雲の役割を積極的に評価できるのではないかと思います。

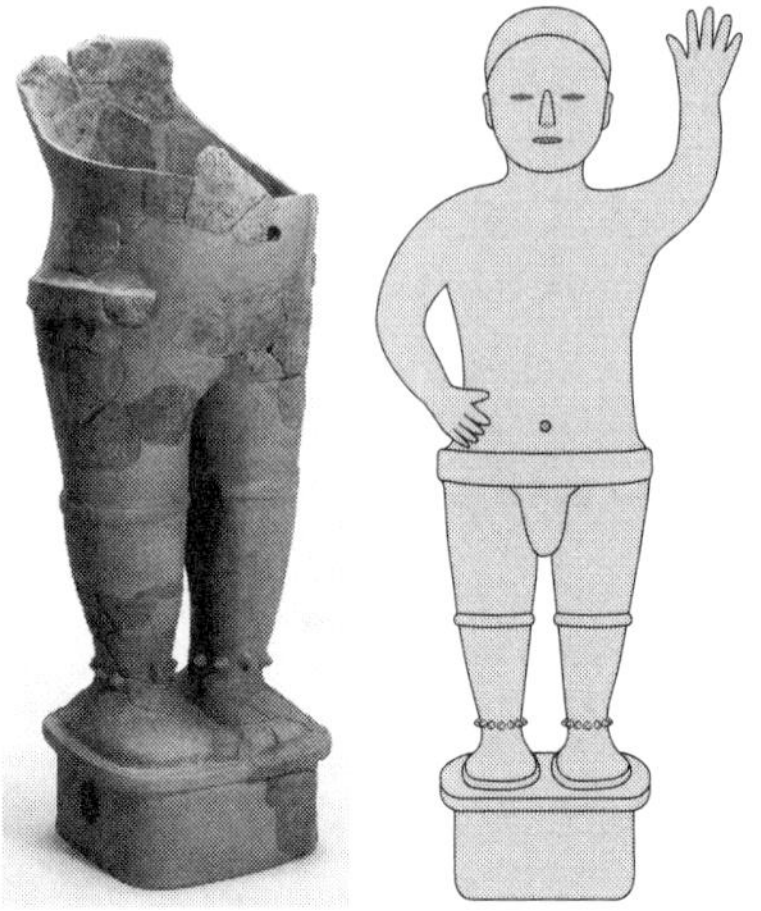

図11　力士埴輪（石屋古墳）
（出典：『倭の五王と出雲の豪族』島根県立古代出雲歴史博物館、2014年より）
（所蔵：松江市、写真提供：島根県立古代出雲歴史博物館）

**○清岡央**

はたして方墳は出雲発だったのか。人物埴輪は出雲発だったのか。もし、そうだとすると、古代出雲というのは、古墳時代のかなり早い段階から文化の一大発祥地だったというようなことになってまいりますね。

これまで、日本書記や古事記の国譲り神話に見られるように、出雲というのはヤマトにどこかの段階で服属した、制圧されたという形で見られるのが一般的な見方だったのではないかと思いますが、それだけ王権と近い存在だったと言われると、出雲の見方もだいぶ変わってくるのではないでしょうか。

その出雲での玉作りですが、米田さん、その後、時代とともにどのような展開を辿っていくのでしょうか。

**○米田克彦**

奈良県曽我遺跡と出雲が手を組んで玉作りを行っていたのは六世紀前半までです。先ほど菊地さんが、欽明朝のときに祭官制が成立して、玉の扱われ方やマツリの執行が変わったというお話をされました。実は古墳時代後期後半、六世紀後半になると、ヤマト王権は翡翠や碧玉などの石製の玉ではなくて、金属やガラスの玉を豪族や首長などの古墳に副葬するようになります。

例えば、奈良県の藤ノ木古墳の副葬品のように、金属やガラスのきらびやかな玉で身を飾るのが六世紀後半以降のヤマト王権に関わる豪族や首長の副葬スタイルになっていきます。

もう一つ、七世紀の古墳として著名な奈良県の高松塚古墳には、優美な彩色壁画がありますが、実はこの古墳にも玉が副葬されています。ただ、琥珀やガラス製の丸い玉などが主体で、勾玉や管玉は副葬されていません。六世紀の後半以降、ヤマト王権は古墳に勾玉や管玉を副葬しなくなり、玉の価値観を変えていったと考えられます。

ところが、出雲では、六世紀を通して勾玉や管玉を多量に作っており、玉作りの最盛期になっています。碧玉、瑪瑙、水晶を使って勾玉、管玉、丸玉、算盤玉、平玉《ひらだま》、切子玉《きりこだま》などの様々な玉を作っています。しかも、孔はほぼ例外なく片側からあけられており、特徴的です。出雲で作られた碧玉、瑪瑙、水晶の玉は列島各地の古墳時代後期の古墳から出土しています。

また、七世紀から九世紀には、東北地方北部の古墳におびただしい数の玉が副葬されており、なかには出雲で作られた玉が目立つのも興味深いです。

ところが、古墳時代が終わり、奈良時代や平安時代になると、出雲では玉作りが規模を縮小して行われますが、この頃に作っているものは勾玉や管玉ではなくて、水晶製の丸い玉や碁石のような石製品です。この頃には仏教が普及しているので、仏教に関わるような玉が作られ、寺院の鎮壇具や墓の副葬品などに使用されました。

東大寺法華堂の本尊である不空羂索観音《ふくうけんさくかんのん》像は天平十二（七四〇）から十九（七四七）年ごろ、奈良時代の中頃に造立されたと推定される仏像です。この仏像の宝冠《ほうかん》には翡翠製勾玉、水晶製切子玉、琥珀製棗玉《なつめだま》、ガラス製の玉などが数多く付けられ、豪華に飾られています。これらの玉の多くは、材質や形の特徴から古墳時代に作られたものと考えられます。

奈良時代には古墳は造られないですし、勾玉なども作られていません。この仏像が造られた奈良時代には仏教が普及していますが、仏教の象徴である仏像に古墳時代の玉があしらわれているということは、古墳時代の玉の価値観や玉に託した意味がその後の時代にも残り、仏教という宗教にも受け継がれていることを示していると言えます。

**○清岡央**

奈良時代の仏像の冠に、古墳時代か、あるいはもしかしたらそれ以前のものかもしれない勾玉が飾られていると。その勾玉たちもまさかそういう使われ方をするとは思っていなかったのではないかなと思います。奈良時代というのは古事記が生まれ、日本書紀が生まれ、風土記も編纂されて、奈良時代の時点で見た当時の地域のイメージが、特に出雲のイメージが、歴史書の上でも定着していった時代だったとも言えると思います。

菊地さん、奈良時代に形成された出雲像というのは、どういうものだったと考えられるのでしょうか。

**○菊地照夫**

記紀神話では、オオナムチ（オオクニヌシ）が高天原《たかまのはら》に対して葦原中国《あしはらのなかつくに》の支配権を譲渡（国譲り）して、オオナムチは出雲大社に祭られます。このような神話の内容を、出雲側がヤマト王権に服属した史実の反映とする考え方は、現在でも多くみられます。出雲国造《いずもこくそう》が行う神賀詞《かむよごと》奏上儀礼も、出雲側の王権への服属儀礼と通説では考えられています。

出雲国造は、出雲大社のオオナムチをお祭りする神主です。国造の祖先はアメノホヒといい、高天原から地上に降りて、葦原中国の支配権をオオナムチから国譲りさせますが、オオナムチはそれと引き換えに出雲大社に祀られることになり、アメノホヒがその祭祀を任されました。そのアメノホヒの子孫が出雲国造です。

神賀詞奏上儀礼というのは、出雲国造が就任すると、都に上って天皇に神宝を献上し、神賀詞という祝詞を奏上する儀礼です。その神宝は、玉・鏡・刀で、ミホギの神宝と総称され、その神宝一つひとつにちなんだ祝福の詞章である神賀詞が、天皇に奏上されました。

神賀詞奏上儀礼を、出雲勢力の王権に対する服属儀礼とする考え方は、正しい理解ではありません。出雲国造の祖神アメノホヒは、高天原からオオナムチを制圧するために派遣された王権側の神であり、神賀詞奏上儀礼では、出雲国造は王権側の立場で神宝を献上しているのです。

日本書紀などにみえる神賀詞儀礼の関係記事を分析していくと、この神宝の性格は、出雲国造の祖アメノホヒがオオナムチを鎮祭するのに用いた呪具であることが明らかで、そのようなオオナムチを鎮め祭る呪能をもった神宝を天皇に献上することによって、天皇に葦原中国を支配する霊力を付与するという宗教的意義があったと考えられ、この儀礼は「天皇の国土支配を宗教的に保障する儀礼」であったとみることができます。

ところで、その神宝の中心は玉なのです。この玉は、ミホギの神宝の中の玉としてミホギ玉と称されたとみられますが、そのミホギ玉は、出雲国意宇郡の忌部神戸で作られました。ミホギというのは霊力の付与、タマフリという意味なのですが、思い出していただきたいのは、大殿祭で用いられた玉もミホギ玉と呼ばれ、出雲国の忌部神戸で作られたことです。

出雲の玉には、天皇に霊威を付与する、天皇の霊威を生成・再生するという霊能があって、出雲は、そのような性格を有する玉を供給する宗教的に特殊な地と認識され、このことが王権神話の中で、出雲が特殊な場所として位置付けられることとなった原因であったと理解しております。

**○清岡央**

ありがとうございました。古墳時代に、王権との関係で形作られた出雲のイメージというのは、服属というよりも、それぞれに役割を持った相互関係として、その後の時代にも記憶が続いていったということだと思います。

それでは北條さん、本日のここまでの議論を振り返って、古代の玉、出雲の玉作りからどのような古代出雲像が描けるのか、まとめでお話をいただけますでしょうか。

**○北條芳隆**

本日は、瀧音先生が天《あま》の安河《やすのかわ》のウケイを話題にされましたので、やや強引ですが、そこに引きつけた話をさせていただきます。

福岡県沖ノ島の第七号遺跡の遺物の出土状態（図12）を見ますと、岩陰の壁面近くの東側には甲冑・楯・矛・剣がある。甲冑は中に石を詰めて、壁面に立てかけた状態なので、まるでそこに人物が完全武装して立っているように見えます。

一方の西側の隅には、新羅系の馬具が散らばっていて、あの有名な金の指輪もここから出土しています。まるで新羅の王族が到来したことを示すようにも見えるのです。

問題は真ん中の三箇所です。小玉の集積で表現された三つの塊の間に、割れた刀剣類が見つかっています。

この状態をご覧になられた国文学の益田勝実さんは、沖ノ島七号遺跡の状態こそが、実はウケイの場面の原風景をそのまま示しているのではないかと指摘されました。考古学の側でしっかり受け止めて、神話と考古学の実態を比較する必要がある、非常に重要な提言だと思います。

そういうところを思いながら、復元画を描い

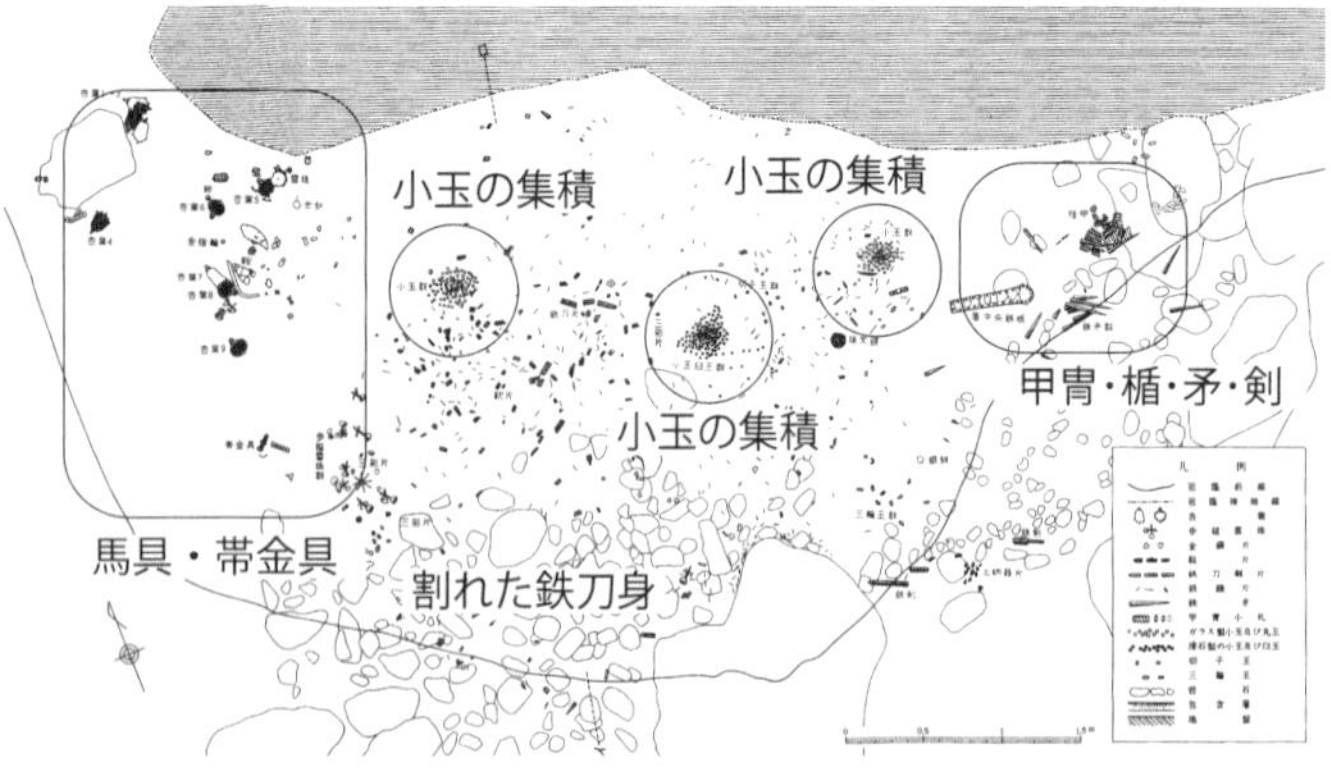


図12　沖ノ島第7号遺跡の遺物出土状態
（出典：『沖ノ島』宗像神復興期成会、1958年より作成）

てみるとこうなります（図13）。ウケイの第一場面が浮き上がるということなのです。

この天の安河のウケイですが、実は出雲神話とものすごく深い関係があるのです。なぜかと申しますと、例えば左側のスサノオ役、これは考古学的にみて新羅からの到来者だと捉えますと、実はスサノオは、出雲に降り立つ前に、最初は新羅に降りたという異伝があり、その後、出雲に来たとあるのです。微妙に被りますね。何よりも真ん中の三人の女神のうちのタゴリヒメは後にオオクニヌシの妻になり、コトシロヌシを生むという存在なのです。

コトシロヌシといいますと、国譲りの段で最終的に船を傾け青柴垣を作り（海中に）隠れてしまう、出雲の次世代の主と期待された存在です。つまり沖ノ島の祭式と出雲神話の両者は、切っても切り離せない関係にあるのです。

図13　ウケイの復元イラスト―益田勝実の解釈―
（北條千秋 画）

そこで本題に入るわけですが、古代の出雲とはどのような国だったのだろうか、ということです。「魏志倭人伝」にある投馬国が出雲ではないかという説があり、この説は私も支持しています。その後の古墳時代にあっても沖ノ島と出雲とヤマトは日本海ルートで結ばれていた、そのような位置関係にあったということです。

要するに弥生時代から古墳時代にかけての出雲は、新羅からもダイレクトに結ばれるルートにもつらなり、博多湾と共に大陸側との玄関口でした。現在は山陰と言われていますが、当時の感覚では、むしろ現在の東海道に近い表玄関側にあたり、外来の様々な情報がここに集約される、そのような場所であったということです。そのような意味でも、沖の島の祭式と出雲神話が深く絡むのは必然なのです。

先ほども出雲は王権の側近的な役割を自ら任じた可能性が高いと申しました。様々な新来の情報が集約される場所は王権にとっても非常に重要です。こうした環境にあったからこそ、出雲の勢力は王権を補佐するブレインとしても活躍できたのだと思うのです。

さらに、ヤマト王権側から見た出雲は西方にあります。西方とは何かというと、古語は「去にし」ですよね。そして「去にし」

を時間の観念に置き換えましたら、過去を象徴する方位になるのです。

では一体、神話とは何なのだろうかといえば、過去から現在までの由来を語るものであり、ほかならぬ「去にし」を語る形をとる。そう考えますすと、ヤマトを見据えつつ自らの立ち位置をかえりみて、出雲の地こそが王権の「いにしえ」を語るにふさわしい舞台であり、相応の役柄を引き受けるべき空間であると、自らを任じたことは十分に考えられるのです。

しかも、神を呼ぶ、あるいはそれ自体が魂の化身でもあるという玉が出雲には豊富にあります。そのような玉を自前で調達できるし王権側に献上することもできる。こうした特殊性への自覚も伴ったに違いありません。

したがいまして、今日のテーマは「玉が語る古代出雲の輝き」ですが、出雲を輝かせたのは出雲の勢力自身であったといえるのではないでしょうか。

**○清岡央**

ありがとうございました。

皆様、いかがでしたでしょうか。小さな玉ですが、その玉を起点にして、これだけ空間的

にも、そして時間的にもダイナミックな古代史像を描くことができるということを、お感じいただけたのではないでしょうか。

現在、江戸東京博物館では、企画展「玉」というのをやっておりまして、後半くらいに赤い綺麗な勾玉が展示されています。これは出雲大社境内遺跡、つまり出雲大社の境内から出土した古墳時代前期の勾玉ということなのですが、とても美しい赤の勾玉です。そして、この勾玉を使った祭祀、ヤマト王権が王権にとって重要な場所で行った祭祀というのが、古い時代からその地で行われ、後にその場所に出雲大社ができ、現在へとつながっていったわけです。そのようなことを思うときに、小さな勾玉の輝きというのが、現代人にもより一層身に染みて感じられるのではないかなと思います。

この先、発掘調査や研究が進んで、出雲の輝きがより具体的に解明されることを期待して、このシンポジウムを閉じたいと思います。皆様、長時間にわたって、ご清聴ありがとうございました。

【第2部】古代出雲の地域間交流

# 『出雲国風土記』と古代出雲の交流

佐藤信 先生

## はじめに

ただいまご紹介いただきました佐藤信です。これから、『出雲国風土記』と古代出雲の交流というテーマでお話をさせていただきます。よろしくお願いいたします。

最初に、今日は『出雲国風土記』が中心のテーマではあるのですが、『古事記』や『日本書紀』にも出雲系の神話、あるいは出雲神話と呼ばれる神話がたくさん伝えられております。上田正昭先生によれば、「古事記・日本書紀の神話の大部分が出雲系の神話なのだ」とおっしゃっておられました。そうした『古事記』・『日本書紀』も含めて、『出雲国風土記』からどういうことが見えてくるかというお話をしたいと思っております。

さて、出雲というと、みなさんのイメージはどうでしょうか。七一三年に風土記編纂の詔が全国に出されますが、今日まで残っている風土記は五ヵ国しかありません。その中で、唯一ほぼ完全に残っているのは出雲だけで、それだけでもすごいことなのです。

先ほど申し上げた、『古事記』・『日本書紀』に非常に多くの出雲系の神話があるということも含めて、律令国家にとっての出雲というのは、私はある程度大きな役割を果たすものであったと思っています。

『古事記』の編纂は、太安万侶が編者となって、書物として確定したのが七一二年になります。それから、七一三年に「風土記を編纂しなさい」という命が全国に出された。そして、そのあと七二〇年に『日本書紀』が完成します。漢文の正史として、六国史の最初の正史ができるのが七二〇年であります。

つまり、七一〇年代というのは、律令国家が自分の来歴、あるいはアイデンティティーを示そうということで、『古事記』や『日本書紀』のような国史を編纂すると同時に、風土記を作らせた。

**佐藤信**（さとう・まこと）**先生**

東京大学名誉教授、大学共同利用機関法人人間文化研究機構理事。
1952年、東京都生まれ。東京大学大学院人文科学研究科博士課程中退。博士（文学）。専門は日本古代史。主な著書に『日本古代の宮都と木簡』（吉川弘文館）、『出土史料の古代史』（東京大学出版会）、『列島の古代』（吉川弘文館）など。

編纂の詔には、風土記のことを「史籍」と書いてあります。歴史の書籍だと書いてあるのですが、一応、地方の諸国の産物や、地名の起源だとか、古老の言い伝えを集めなさいということです。これは律令国家が、その来歴を整理して、自分を正当化するために『古事記』や『日本書紀』を作ると同時に、律令制的な支配がいきわたる範囲の諸国の来歴や特産品、地名の由来や古老の言い伝えなどを編纂して、中央集権的な体制を組む上で、それを利用しようとしたということで、編纂の命令が下ったと私は考えます。

そういう時代背景の中で、風土記を律令国家が必要としていたということです。その中で『出雲国風土記』が完存しているというのは、私は理由がないわけではないかと思っています。これが律令国家にとっての出雲の位置ということで、これからお話の中で申し上げたいと思います。

最初に、国引き神話と国譲り神話という話に移る前に、『日本書紀』に初めて出雲国が登場するのは、古い神話の時代は別として、七世紀末の持統天皇の時代でした。出雲の国司が海の向こうの新羅の人が漂着したと朝廷に伝えたのが最初の記事です。

ですから、出雲国は、今、日本海側の首都圏から遠いところというイメージがあるかもしれませんが、出雲を中心に見ると、日本海の向こう側には朝鮮半島があり、渤海とか新羅の国が対岸にあるような開けた場所である。つまり、古代は日本海が表玄関だということがよく言われます。そういう方向に面した、国境に向かって開かれた土地であると言えます。

今日は出雲大社の話もしますが、ヤマト王権と非常に密接な国譲り神話で結びついた関係を持っている。出雲を中心に考えれば、それだけではない。四隅突出型の墳墓は、弥生時代末、古墳時代の始まる直前くらいの墳墓ですが、国指定史跡で出雲市の西谷墳墓群にある最も有力な四隅突出型の墳墓からは、吉備系の埴輪の前身になるような土器が出土しており、吉備とも交流が盛んだったことが分かります。中国山地経由で往来がなされたということです。

あるいは九州や北陸地方とも縁がある。決して畿内中心の見方ではなく、出雲を中心にして一度見ていただいて、それから、また日本列島全体を見渡すなかで出雲を見ていただけると良いと思います。

## 一、「国引き神話」

さて、国引き神話と国譲り神話というお話に移りたいと思います。『出雲国風土記』には、私の好きな色々な地域伝説がありますが、その中でも国引き神話はすごく好きな話の一つです。ものすごく豊かな想像力で、出雲の国土創世の物語を地元の人たちが伝えていると思います。

『出雲国風土記』では、出雲国の国府が後に置かれる、意宇郡の郡の名前はこのようにできたのだという地名起源を語る中で、「国引き坐しし八束水臣津野命《やつかみずおみづぬのみこと》」がこのように命令を発せられたとあります。『詔りたまひしく、「八雲立つ出雲国は、狭布の堆れる国在るかも。初国小さく作れり。故、作り縫はむ」』ということで、出雲国というのは、最初は細長い、狭い面積の小さい国で国づくりをした。そこで国土をもう少し広げるために、国土を縫い合わせたいということです（図1）。

そのときにも、『栲衾《たくぶすま》志羅紀乃三埼を、国の余《あまり》有りやと見れば、国の余有り』と詔りたまひて、童女《おとめ》の胸鉏取らして、大魚のきだ衝《つ》き別《き》りて、はたすすきほふり別《き》りて、三身《みつみ》の綱打ち挂けて、霜黒葛《しもつづら》くるやくるやに、河船のもそろもそろに、国々来々《くにこくにこ》と引き来縫ひし国は、去豆乃折絶《こずのおりたえ》よりして」というように、ここのところは何度も「童女の胸鉏取らして、大魚のきだ衝き別りて、はたすすきほふり別りて、三身の綱打ち挂けて、霜黒葛くるやくるやに、河船のもそろもそろに」と歌い上げます。黒葛をゆっくり引っ張ったり、河船を川の上流に運ぶときは引っ張らなくてはいけないのです。下るときは、河船は流れで自動的に下っていく。それを引くときには、少しずつ引っ張るということです。

そういう形でロープを渡して国土を引っ張ってきたというお話なのですが、この辺りの表現は、目で読むだけではだめで、本当は声を出して「霜黒葛くるやくるやに、河船のもそろもそろに」というところを読まなくてはいけない。「くにこくにこ」というのは、ヴォルガの舟歌ではないのですが、労働歌でもあります。「くにこくにこ」、国土がやって来いということで引っ張ってきた。最初に書いてあるのは「新羅乃三埼」、朝鮮半島の新羅の国のほうを見て、「国の余有りやと見れば、国の余有り」、ここも大事です。侵略して国土を奪うのではなくて、国の余りを平和的にもらってくるということです。

その次に出てくるのは、出雲国の西のほうの、石見の国との境界にある佐比売山《さひめやま》、今の三瓶山を柱にして、ロープをかけて国土を引っ張ってきたということです。

　それから、そのときのロープの跡が薗の長浜という、出雲の西側にある長い砂浜がロープの痕跡であるということです。

　その次は、「北門の佐伎の国を国の余有りやと見れば」ということで、それから「北門の良波の国を国の余有りやと見れば」とつづく。この佐伎という地名は島根県の隠岐の島です。その次の良波の国もそうでありますが、隠岐の島の国の余りの土地をもらって、ロープで引っ張って縫ったのが島根半島の土地です。

図1　国引き神話の舞台

最後には「高志《こし》の都都《つつ》の三埼《みさき》」。高志の都都の三埼というのは、北陸の越の国、能登半島の珠洲のことであります。能登半島のほうからも国の余りを引っ張ってきた。そのときのロープの元になったのが伯耆大山でありまして、そのときのロープが、ちょうど米子空港がある長い弓ヶ浜の砂浜であるということで、最後にその国土を縫い合わせたのが島根半島なのです。

出雲国は、中央に中海・宍道湖・斐伊川・神西湖と東から西に続く内水面によって北半島と南の本土に分かれています。その北側の島根半島の土地は、いずれも海の向こうの新羅の国や隠岐の国や能登半島の越の国のほうから引っ張ってきた。平和的に引っ張ってきて、それを縫い付けたというのが国引き神話です。これは、地図がない時代に、よくこういうことを地元の人々が構想できたなと思います。空中写真などない時代ですから、すごい想像力ですよね。

そういう物語でありまして、この八束水臣津野命というのは、私は地元出雲の人々にとって国土創世の神だったと思います。この国引き神話は、実は『古事記』・『日本書紀』には全然載っておりません。私は地元の人々が構想した物語だと思っております。

『続日本紀』の七一三年の条の風土記撰進の詔では、「畿内と七道との諸国の郡・郷の名は、良き字を着けしむ」、それに続けて、「その郡の内に生れる、銀・銅や彩色」、彩色というのは鉱物資源です。今でも日本画では岩絵具といって鉱物を使いますが、それが彩色です。

それから、「草・木・禽・獣・魚・虫等の物は、具《つぶさ》に色目を録し、土地の沃堉、山川原野の名号の所由、また、古老の相伝ふる旧聞・異事は、史籍に載して言上せしむ」とあります。この史籍が風土記のことですが、そういう記載事項の中に、今、申し上げた国引き神話も入っており、その国引き神話は、私はヤマトの『古事記』・『日本書紀』には採用されない形の、地元の物語であったと思います。

実を言うと、今日に伝わる『出雲国風土記』は、天平五年（七三三）二月三十日に書かれた。この奥書を見ると、秋鹿郡の人が書いていて、その次に編纂責任者として、国造で意宇郡の郡司の大領でもあった外正六位上勲十二等の出雲臣広島という人が、この『出雲国風土記』の編纂を代表している。

この人は出雲国造です。出雲では「クニノミヤツコ」を「コクゾウ」と呼ばずに「コクソウ」と呼んでいるので、私もそれにならって、出雲に関しては「コクソウ」と言いますが、その出雲国造が風土記を編纂しているのです。

風土記は、先ほどの詔のように、諸国に対して命令が出されたので、本来は国司が編纂すべきです。国司は天皇が任命した貴族が都から地方官としてやってくるので、中央側の人間です。国造は地元の人で、地元の神祇祭祀の中心になる人です。また、意宇郡は、出雲大社に与えられた「神郡」にあたる郡で、国造はその郡司も兼帯しているということです。地元の国造が編纂した風土記なので、地元系の神話も載っているというところがあります。

普通は、『常陸国風土記』のように、命令は国司に対してあったので、国司が風土記を編纂する。国司は都から来た律令政府側の貴族ですから、中央中心の形式・立場で色々編纂して、風土記を都に送ると思われます。そうすると、大昔の物語もほとんど『古事記』や『日本書紀』に沿った物語になってしまっている風土記もないわけではない。ただし、出雲の場合は在地系の話がずいぶん残っている。それは出雲国造の編纂ということによるのかなと思います。逆に言うと、出雲の国司にとっても、律令国家にとっても、出雲国造が大事にされているということです。

## 二、「国譲り神話」

国譲り神話のほうに移りますと、国譲り神話は、『古事記』・『日本書紀』に出てくる神話です。この「国」は葦原中国《あしはらのなかつくに》、地上のヤマトの国です。日本にあたる葦原中国を支配しているオオクニヌシ（オオナムチ・オオアナモチとも）が皇祖神のアマツカミに国土支配権を譲る代わりに、オオクニヌシはお願いして、高層の立派な神殿を造ってもらって、自分を祀ってもらう。それと引き換えに、国土支配権を譲った。これは譲った対象は皇祖神です。いわばヤマト王権に地上の支配権を委ねる代わりに、自分は立派な神殿を造って祀ってくださいよと、そういう約束の下に国を譲ったという物語が『古事記』・『日本書紀』に出てきます。

そして、クニツカミとしてのオオクニヌシ自身が、『古事記』・『日本書紀』ではアマツカミ系の須佐之男命（スサノオノミコト）の子孫として位置付けられるようになる。古代の神様は、天神地祇すなわち、アマツカミ・クニツカミといいまして、『古事記』・『日本書紀』では、皇祖神として、天皇家の先祖の神様につながる高天原から天下ってきたアマツカミと、元々地上にいた神様、クニツカミに分けられています。ただ、出雲の神様は、『古事記』・『日本書紀』ではスサノオノミコトの子孫として位置付けられるということになる。また、出雲臣の祖神も、アマツカミの天穂日命《あめのほひのみこと》になります。それだけ大事にされていると思います。

『古事記』によれば、「此の葦原中国《あしはらのなかつくに》は命の随に既に献らむ。唯僕が住所《すみか》をば、天神御子の天津日継《あまつひのぎし》知らす、とだる天の御巣《みす》の如くして、底津石根《そこついわね》に宮柱太《みやばしらふと》しり、高天原に氷木《ひぎ》高しりて治め賜はば、僕《あ》は百足《ももた》らず八十《やそ》くま手に隠《こも》りて侍らむ」とありまして、皇祖神から派遣された神がオオクニヌシに対して、「あなたが支配している葦原中国は、アマツカミの御子が支配する国である」と言って、「あなたはどう思うのか」と聞いたところ、「自分は決められないので、子どものコトシロヌシに答えさせるけれども、今、コトシロヌシは鳥遊・取魚（釣り）をしに御大之前《みほのさき》（美保神社のある美保関）に行って、まだ帰ってきていない」と言うので、それを呼びに行かせて、コトシロヌシの神に言ったら、「アマツカミの御子にこの国土の支配権は奉りましょう」と言った。

ところが、オオクニヌシに「コトシロヌシが良いと言ったが、まだ意見を聞く子どもがいるのか」と言ったら、そのときに「もう一人、自分の子どものタケミナカタノカミの意見を聞かなくてはいけない」と答えた。タケミナカタノカミはものすごく力強い、武勇の神であったので、「力比べをして決めろ」ということを天孫の使者に対して言うのです。

ところが、タケミナカタノカミは、あっという間に負けてしまい、危ないので命からがら、科野《しなの》国の州羽海《すわのうみ》、今の長野県の諏訪湖に逃げます。そこでアマツカミ側の使いの神が殺そうとしたところ、許してくれと乞う。「我を殺すこと莫れ。此地を除きては、他し処に行かじ」。「諏訪から外には出ません」と。「また、父のオオクニヌシの命令に決して違いません」「葦原中国は、アマツカミの御子の命令のままに奉ります」と言って生かしてもらった。それが今の諏訪大社の神様、タケミナカタノカミです。ですから、出雲の神様の息子の一人は東方に逃れて、諏訪大社の神様になっているということです。

そして、これは『古事記』ですが、葦原中国の支配権は天孫に差し上げて、その代わり、立派な高い神殿を造ってもらって、そこで祀ってもらう。皇祖神の末裔の天皇家から祀ってもらうということになったというわけです。

## 三、出雲と宗像、諏訪

また、出雲の神を考えるとき、先ほどの諏訪の神との関係もあるのですが、福岡県の宗像大社とも関係があります。筑後国宗像郡の地に立派な神社がありますが、実は『古事記』

の中には、オオクニヌシの神が、「胸形（宗像）の奥津宮に坐す多紀理毘売命《たきりびめのみこと》を娶して、生みませる子は、阿遅鉏高日子根神《あじすきたかひこねのかみ》」であったといいます。宗像氏は筑前国宗像郡を中心とした有力な地方豪族でありまして、今の宗像大社を奉祭しながら、宗像郡を統治していた豪族です。沖ノ島の祭祀遺跡は、四世紀の後半から九世紀の末ぐらいまで、国家的な祭祀をしているのです。ヤマト王権あるいは律令国家の国家的な祭祀をしている。シルクロードを越えて渡ってきた、遣唐使が持って帰ったような、最上級の優れた品物が神様のためにおしまずに奉献されている。

神に奉献されて出土した八万点の祭祀遺物は、今日国宝となっています。四世紀代のころは鏡や剣ですが、その後、新羅製の金属製の品々となったり、その後には唐三彩だとか、シルクロードの西方のペルシアのガラスの器だとか、大陸からの品々も奉納され、最後は土器祭祀、あるいは形代祭祀になっていくのです。そういう祭祀の場所や祭祀の品といった祭祀の変遷が追えるのが沖ノ島の祭祀遺跡なのですが、宗像氏の祭祀でありながら、ヤマト王権、律令国家の祭祀でもある。重層的な構造をもつ祭祀の遺跡です。

宗像の神様は宗像三女神といって、『古事記』・『日本書紀』に出てきます。出雲神話とは別に、宗像系の神話も『古事記』・『日本書紀』は採用していています。沖ノ島にある奥津宮《おきつみや》と、筑前大島にある中津宮《なかつみや》と、本土の田島にある辺津宮《へつみや》、この三つの神社が今も宗像大社の境内なのですが、『古事記』・『日本書紀』には三柱の姉妹の女神として出てきます。

その女神が、宗像氏が奉斎する宗像の神であり、道主《みちぬし》の貴《むち》といって、大陸半島に行く道の安全を保障してくれる尊い神であるということです。これは、ヤマト王権や律令国家も祀るのですが、地元でそれを直接奉斎するのは宗像氏なのです。そしてその女神を、出雲の神様が妻に娶っているということです。

また、『古事記』とは違う話として、『日本書紀』の崇神天皇六十年条では、崇神天皇が使者を遣わして出雲の神宝を求めさせた話があります。崇神天皇の命で神宝を求めに来た使者に対し、出雲臣の遠祖で神宝をつかさどる出雲振根は、自分が筑紫国に行っている間に弟の飯入根が神宝を献上してしまったことを怒って、弟を殺してしまい、のちに別の使者によって殺されてしまう。この話の中にも、やはり出雲と九州の豪族がお互いに結びついていたことがうかがえます。

あるいは、六世紀前半の、筑紫君磐井の時代だけに九州で展開した古墳文化として、石人・石馬という、ヤマト王権の埴輪とは違って、阿蘇の溶結凝灰岩で作った石の馬や石の人を古墳に並べるということがあります。この石人・石馬文化が、六世紀の磐井が勢力を振るった時代だけ九州に展開しています。その石馬の一つが、鳥取県米子市淀江の史跡公園白鳳の丘というところの天神垣神社にあります。

したがって、九州の地方豪族との交流を、山陰地方の地方豪族も大いに行っていたのです。海を通して行けば、国引き神話でも、新羅にも行けるし、越の国、北陸にも行けるし、九州とも相互に往来する関係があったと思います。

また、『先代旧事本紀』を見ると、オオナムチの神が、これはオオクニヌシのことですが、コシノヌナカワヒメを娶って生まれたのがタケミナカタの神です。先ほど述べた、皇祖神側とけんかして敗れて諏訪に逃れたタケミナカタは、出雲のオオナムチの神がコシノ（越の）ヌナカワヒメ、ヌナカワヒメのヌナカワというのは、糸魚川にある姫川のことです。全国でも翡翠がとれるところで有名で、玉作りの原料の翡翠は、もっぱらヌナカワ、糸魚川の姫川産の翡翠です。

古来玉作りの玉で有名な越の国、北陸の今の糸魚川の地の女神と同じく玉作りで名高い出雲のオオクニヌシが結婚して生まれたのがタケミナカタだった。ですから、糸魚川経由で諏訪に逃げていくというコースは、分かるような気がします。日本海に逃げていって、糸魚川から上陸して、科野（信濃）国のほうに入っていくというルートだと思います。

さて、そういうことで、こうした古代の神話をいくつかつないでいくと、出雲国は、本当に多方向の諸地域と色々な交流をしていたということが分かると思います。

## 四、出雲国造と出雲大社

さて、出雲国造と出雲大社について、一つふれておきたいのは、先ほどお話したように、意宇郡は、国司が、国内を統治する拠点となる国府が置かれた地です。そしてその意宇郡は、実は出雲大社の神郡となっているのです。その土地からの税収をすべて神様に捧げるという、神様のための郡になっている。

この時代は出雲大社といっても、意宇郡にある熊野大社と、出雲郡にある杵築大社の両方が出雲大社であったと思っています。『出雲国風土記』を編纂した出雲国造がそうであったように、出雲国造は意宇郡の郡司も兼ねているのです。全国に六十いくつの国が置かれますが、国府が所在している郡が神郡であるという国はめずらしい。出雲の国は、特別に在地の祭祀を統括する国造が、国府が置かれた郡の郡司でもあった。国府が置かれた郡の租税収入は神様のために提供するという、神がかった国と言っても良いと思います。

今の出雲大社、当時の杵築大社は西出雲にあり、一方、意宇郡は東出雲にあります。古代でいうと、意宇郡の熊野大社のほうが、杵築大社より少し神階、神様の位階は高いのです。六国史には熊野、杵築の順番に出てきます。今は杵築大社のほうに出雲国造家の本拠は移っています。それでも新しい国造が、国造の職位を引き継ぐとき、「火継」の継承儀礼をやるときに、必ず意宇郡の熊野大社、のち神魂神社に行きます。昔から神郡であった意宇郡のほうに行って、国造位の継承儀礼をするということが、今でも行なわれているということです。いずれにしても、東西の出雲にまたがる大社として出雲大社は位置付けられると思います。

今でも神魂神社で火継神事をやって、日常生活の火は使わないで精進潔斎をするということです。そして、古代では、都の太政官まで上って、国造就任の儀礼を行う。また出雲に戻って一年精進潔斎をして、もう一度上京して、天皇に向かってお慶びの言葉を申し上げる。出雲国造の神賀詞《かむよごと》奏上儀礼というのですが、それを行うことになっています。これは、律令国家の下で、出雲国造だけがそういう儀礼を八世紀、九世紀まで続けているのです。

元々、国造は全国に置かれています。「国造本紀」という資料を見ると、百数十の国造が大王から任じられていたのです。その中で、律令国家の下では、上京して太政官で国造に任命され、また一年精進潔斎してもう一度上京し、天皇に直接神賀詞を奏上するという儀礼、国造と大王との間の直接的な人的関係にもとづく儀礼が出雲国造にだけ残っているのです。

それは、先ほど言った国譲り神話とセットで、やはり出雲国造が律令国家にとって非常に大事な、宗教的な権威を主張する上でも大事な存在として位置付けられたからだと思います。

ところで、出雲大社については、発掘調査によって、三本のとても太い柱を一本に

図２　出雲大社境内遺跡の柱
（写真提供：島根県立古代出雲歴史博物館）

まとめた柱で、非常に高い神殿を造っているということが分かりました（図2）。この巨大な柱の根元は中世前期の十三世紀ぐらいのものです。古代には、『口遊《くちずさみ》』という本が、十世紀末に、貴族の子どもを教育するための教育書として、編纂されています。その本に、当時の日本国で巨大な建物が書かれ、「雲太、和二、京三」と書いてあります。「雲太」というのは、出雲大社の建物が十世紀の日本で一番背の高い建物である。「和二」というのは、ヤマトの国が二番目で、東大寺大仏殿がある。「京三」というのは京都が三番目で、平安京にある平安宮の大極殿が三番目に大きい建物である。圧倒的に大きいのは雲太であり、高さ四八メートルだという話があります。

そして、中世前期に描かれた図で、三本の大きい木を金属で縛り上げて柱にしていたという『金輪《かなわ》御造営指図』もありますが、それを目の当たりに見せてくれたのが、出雲大社境内の発掘調査でした。つまり、それだけ巨大な神殿がそびえていたということが事実だったということです。

出雲国造の特殊性、先ほど言いましたように、全国の国造の中でも出雲国造だけが、就任するときや神賀詞を奏上するときに天皇と直接的・人格的な関係を持つ。そして、その儀礼が八世紀～九世紀まで続いている。律令国家の下でのこうした関係の背景の一つとしては、八世紀の初めに出雲国司として赴任してきた人に、忌部宿祢子首という人がいることが注目されます。実は、この人は天武天皇の時代に詔を受けて、帝紀・旧辞の筆録にあたった人なのです。帝紀・旧辞は、そのまま『古事記』や『日本書紀』の神代の物語になっていく。その筆録、記録係だったのが忌部子首で、忌部氏というのは中臣氏と同じように、ヤマト王権の祭祀・神祇・神事・神祭を主宰した氏族です。

その神祇祭祀を主宰する忌部氏の有力者が、『古事記』・『日本書紀』の編纂、特に古い時代の神話を記録するのにあたっていた人が、七〇八年に出雲守となっています。私は、この人は多分、『古事記』・『日本書紀』に出雲系の神話が多く載っていることと関係したのだろうと考えています。

神祇祭祀を担う忌部氏が、八世紀の初めに国司としていたということは、必ずや出雲国造の儀礼が律令国家にとって大事にされて、『古事記』・『日本書紀』でも大事にされ、そして神賀詞奏上のような儀式も続いていったことに関係してくるのだろうと推測しています。

## 五、古代出雲と律令国家

古代出雲と律令国家の関係でいうと、出雲大社のための神郡が置かれたことも注目されます。神郡は、律令国家の下で、全国に八つしかない。そのうち伊勢神宮に二つの神郡があるので、結局七つの重要な神社に神郡が用意されている。これは、いずれも律令国家が丁重に扱う大事な神社です。つまり、律令国家にとって有力な神社の中に神郡として意宇郡を持つ出雲大社もあるのです。伊勢国の度相郡・多気郡が伊勢神宮の神郡です。それから、

表1　出雲国神賀詞奏上（8世紀）

| 国造 | 国造任 | 神賀詞 | 神賀詞再 |
|---|---|---|---|
| 出雲臣果安 | | 霊亀2（716）2.10 | |
| 出雲臣広嶋 | | 神亀元（724）正.27 | 神亀3（726）2.2 |
| 出雲臣弟山 | 天平18（746）3.7 | 天平勝宝2（750）2.4 | 天平勝宝3（751）2.22 |
| 出雲臣益方 | 天平宝字8（764）正.20 | 神護景雲元（767）2.14 | 神護景雲2（768）2.5 |
| 出雲臣国上 | 宝亀4（773）9.8 | | |
| 出雲臣国成 | | 延暦4（785）2.18 | 延暦5（786）2.9 |
| 出雲臣人長 | 延暦9（790）4.17 | 延暦14（795）2.26 | |

房総半島の先の安房国の安房郡が安房神社。出雲の国の意宇郡が出雲大社。先ほどふれました筑前国の宗形郡が宗像・沖ノ島の祭祀で有名な宗像神社（大社）の神郡です。それから、常陸国の鹿嶋郡が鹿島神宮の神郡です。鹿島神宮は、八世紀の資料から既に「神宮」と書いてあって、かなり重く扱われていた。また、下総国の香取郡が香取神宮の神郡です。それから、紀伊国の名草郡。これは日前・国懸神社、日前宮という和歌山市の神社の神郡です。これらの七つの神社に八つの神郡が与えられています。神郡の場合は、特別に一族が重複して郡司に就任しても構わないという制度が『令集解』の文書の中に書かれています。

律令国家の下で、出雲国造だけは、新しい国造が国司によって決められたら、太政官に行って、特別に太政官で補任の任命儀式が行われる。それ以外の諸国の地方豪族は、式部省で十把一絡げで郡司への任命儀式がありますが、出雲国造だけは、一人だけで太政官で国造への任命儀式を行ってもらえます。

それが終わったら神祇官に行って、負幸物《おいさちもの》という天皇からの特別なプレゼントをもらって出雲に帰る。そして、一年間精進潔斎してから、もう一度上京して天皇に神賀詞を奏上する。もちろん出雲国造も、都に行くときは玉や献上品をいっぱい持って行きます。

天皇からも、最初の就任儀礼のときは負幸物という色々なものをもらう。これは神賀詞奏上で、また行ったときも、特別な儀式を天皇との間で展開する。これはやはり律令国家が、王権と地方豪族との関係、伝統的な人格的関係を、出雲については特別に儀礼として保存したと言えると思います。

出雲国造が任命され、神賀詞も二回する人もいるのですが、奏上のために上京した事例の八世紀の年表を作りました（表1）。

これはしばしば出雲国造の任命交代があって、そのたびに都に行き、出雲で作られた玉を献上しています。古墳時代の玉作りは、各地で勾玉や管玉などの色々な玉類が作られているのですが、八世紀、九世紀になると、諸国ではもう作られなくなって、もっぱら出雲で玉作りが行われるようになるのです。その玉を、国造任命だとか、神賀詞奏上のときのプレゼントとして天皇に献上するということになるのです。そういう律令国家の下での玉作りも、やはり出雲が特別に担った機能だと言って良いと思います。

それから、『出雲国風土記』では、各郡で生産される様々な金属だとか、あるいは草・木・魚・虫、それから地名の由来だとか、古老の言い伝えが編纂されている。その情報の元は、郡司がデータを集め、それを出雲国造が総括したのだと思います。

七三三年の出雲国内の各郡司の名前が分かる記載があります（表2）。その記載を見ていくと、意宇郡では、当然出雲国造である出雲広嶋という人が大領です。郡司は四等官で、長官（かみ）・次官（すけ）・判官（じょう）・主典（さかん）といいまして、大領がかみ、少領がすけ、主政がじょう、主帳がさかんに当たります。この記載された意宇郡司の六人のうち四人が出雲氏です。これは意宇郡が神郡だからです。普通の郡は、同じ氏族から兄・弟等を一緒に任ずるのは、郡内の権力が一元化しすぎないよう認められないのが、神郡の場合は良いということが『令集解』にも記されます。意宇郡では大領から主帳までの六人のうちの四人が出雲臣だということです。

ほかの郡ではばらばらになっていますが、出雲臣が島根郡の主帳、楯縫郡の大領になっていたり、国内では出雲臣が結構大領や少領になっていることから、出雲国内では、やはり出雲臣の勢力は、七三三年（天平五年）頃に、結構、意宇郡以外にも広がっていたと思います。

さて、出雲臣の采女の話は、面白い話であり、地方における采女制度の存在を示す史料になります。これは『類聚三代格』の延暦一七年（七九八）、桓武天皇の時代の太政官符に「出雲国造、神事に託して多く百姓（民衆）の女子を娶りて妾（妻）と為るを禁ずる事」という史料があります。そこでは、「出雲国造が、交代するたびに嫡妻を捨てて、多くの民衆の女子を娶って、名付けて神宮采女と称している。これは風紀上好ましくないので、これ以上やってはいけない」とあります。「もし、神事のために、新しい妻を娶らなくてはいけないのであれば、国司が名を密封して一人の女性を卜定するように」というのです。つまり、「くじで一人だけ選びなさい」と書かれていて、最後に「筑前国の宗像神主も一緒だ」と書いてあるのです。

表2　『出雲国風土記』にみえる諸郡の郡司

| | | |
|---|---|---|
| 意宇郡 | 大領 | 外正六位上勲十二等出雲臣広島 |
| | 少領 | 従七位上勲十二等出雲 |
| | 主政 | 外少初位上勲十二等林臣 |
| | 擬主政 | 无位出雲臣 |
| | 主帳 | 无位海臣・无位出雲臣 |
| 島根郡 | 大領 | 外正六位下社部臣 |
| | 少領 | 外従八位上社部石臣 |
| | 主政 | 従八位下勲十二等蝮朝臣 |
| | 主帳 | 无位出雲臣 |
| 秋鹿郡 | 大領 | 外正八位下勲十二等刑部臣 |
| | 権任少領 | 従八位下蝮部臣 |
| | 主帳 | 外従八位下勲十二等日下部臣 |
| 楯縫郡 | 大領 | 外従七位下勲十二等出雲臣 |
| | 少領 | 外正六位下勲十二等高善史 |
| | 主帳 | 无位物部臣 |
| 出雲郡 | 大領 | 外正八位下日置部臣 |
| | 少領 | 外従八位下大臣 |
| | 主政 | 外大初位下部臣 |
| | 主帳 | 无位若倭部臣 |
| 神門郡 | 大領 | 外従七位上勲十二等神門臣 |
| | 擬少領 | 外大初位下勲十二等刑部臣 |
| | 主政 | 外従八位下勲十二等吉備部臣 |
| | 主帳 | 无位刑部臣 |
| 飯石郡 | 大領 | 外正八位下勲十二等大私造 |
| | 少領 | 外従八位上出雲臣 |
| | 主帳 | 无位日置首 |
| 仁多郡 | 大領 | 外従八位下蝮部臣 |
| | 少領 | 外従八位下出雲臣 |
| | 主帳 | 外大初位下品治部 |
| 大原郡 | 大領 | 正六位上勲十二等勝臣 |
| | 少領 | 外従八位上額部臣 |
| | 主政 | 无位日置臣 |
| | 主帳 | 无位勝部臣 |

つまり、筑前国宗像郡の宗像大社の宗像臣も、同じような神宮采女制度を行なっていた。私は、こうした地方的采女の制は、全国でやっていたと思っています。都では天皇が采女制をやっているのです。律令国家の下で、天皇は諸国の郡司の大領、少領の娘の形容端正な女性を采女として召して、都において後宮の下級女官としている。七世紀以前だと、そういう形容端正な女性が地方から来て、見目麗しいだけではなく教養を持っていた、そういう女性が宮廷に采女として仕えて天皇の妻となることもあったのです。

例えば、七世紀後半の宗像君徳善という宗像氏の豪族がいるのですが、その娘は宗像采女で、天武天皇が最初に結婚した女性でした。その子が高市皇子です。天武天皇の最初に生まれた男子で、壬申の乱のとき、十九歳で大活躍しました。

なぜ宗像君がその時代にそこまで中央に食い込むかというと、これは白村江の戦いといえば、ご理解いただけると思います。地元で宗像氏が奉祭していた玄界灘の宗像・沖ノ島の祭祀は、四世紀後半から九世紀末まで、国家的な祭祀をしていました。

四世紀後半からは、宗像氏だけの祭祀ではなくて、ヤマト王権の祭祀をしている。その時期は、朝鮮半島にヤマト王権が出兵して、高句麗と戦うことがあった。その際に、ヤマト王権が玄界灘を渡って朝鮮半島に向かうときに、玄界灘東側の制海権を宗像君が押さえているのです。

宗像君は、ヤマトの軍勢を安全に朝鮮半島に派遣する際の、玄界灘東側の制海権を生かした水軍を持っているからです。ヤマト王権にとって、朝鮮半島とのことを考えれば、宗像君はきわめて重要で、航海の安全を保障してくれる宗像三女神の存在は非常に大事です。ですからそこに、三角縁神獣鏡など、一番良い奉献品を神様に捧げているのです。

六六三年の白村江の戦いのときに、天武天皇の母の斉明天皇の時代ですが、兄の皇太子、中大兄皇子（天智天皇）とともに、天武天皇も九州まで行っています。斉明天皇も九州まで行きますが、大海人皇子、後の天武天皇も九州まで行っています。

その時、夫人も連れて行くのです。額田王なども『万葉集』で分かるように同行しており、女性の斉明天皇自身が九州まで行っているのです。都を出発したヤマト王権の中枢の人々は、最初に岡山県の吉備に行って、吉備屯倉のある地で、中国地方の豪族の参戦を求めて、軍勢を集める。それから、四国の道後温泉のあるところ、今の愛媛県松山市の地、ここもヤマト王権の基盤があったところで、そこで何ヵ月か四国の豪族に参戦を求めた。白村江の戦いのときの倭国の軍勢というのは、豪族軍の寄せ集めの体制でした。それから九州に向けて「潮もかなひぬ、今は漕ぎ出でな」という額田王の万葉歌にありますように、道後温泉から博多湾に向かっていくのです。

大海人皇子が九州に行ったら、宗像采女を妻に娶っていますから、その実家の宗像君徳善などは、娘婿の天武天皇や外孫の高市皇子をものすごく大事にすると思います。ヤマト王権が朝鮮半島に渡るときに、宗像氏に協力してもらわないと出兵できないのですから、宗像君とつながりを持つというのは、まったく不思議でないことです。

ちなみに、高市皇子は十九歳の六七二年の壬申の乱のときに、天武天皇のもとで実際の戦いの軍事作戦を指導しました。天武・持統やその子の草壁皇子、大津皇子たちは、不破宮という少し奥の地にいました。全軍の指揮官のトップは高市皇子で、時々天武天皇が指導にやってきたのです。

飛鳥の古い都に置かれた近江朝廷の駐屯地を、数少ない大海人皇子側に馳せ参じた大伴氏の軍が、急襲するのです。その際、屯営地に数騎で駆けつけて、「高市皇子の大軍が攻めてきたぞ」と大音声で呼ばわったら、近江朝廷軍が散り散りに逃げてしまったという物語が『日本書紀』に書かれています。壬申の乱に勝利できたのは高市皇子の活躍のお陰だということを、七世紀末から八世紀初めの人々は知っていたのです。その高市皇子が、天智天皇の娘の御名部内親王と結婚して生まれた男子が長屋王です。

長屋王は、七二〇年に藤原不比等が亡くなったあと、左大臣になって、政権を指導します。藤原不比等ほどの人であれば、自分が死んだあとの政界がどうなっていくかきちんと計算していました。ですから、不比等は自分の娘を長屋王に嫁がせています。自分が死んだあと、優秀な長屋王が政界を指導するということは織り込み済みだったと思います。

ここまでお話して、思い出していただきたいのは、『日本書紀』が編纂されたのは七二〇年です。その年は、藤原不比等が亡くなって長屋王が政界のトップに立つ年です。ですから、

『日本書紀』の中に宗像三女神の宗像の神話が出てくるのは、私は当然のような気がいたします。

ただ、宗像の神話が取り込まれていると同時に、『古事記』・『日本書紀』には出雲神話がたくさん取り込まれています。やはりヤマト王権にとって出雲という地が大事に扱われたと考えて良いと思います。

さて、出雲のオオクニヌシノミコトが、北陸の高志（越）国のヌナカワヒメを妻として、その間に生まれたタケミナカタ神が、国譲りの際に天孫のタケミカヅチに負けて、逃れて、諏訪大社の祭神になったという話しが『古事記』『日本書紀』にありました。出雲と北陸との関係の記事は、『出雲国風土記』にもあります。

『出雲国風土記』の神門郡の条には、神門郡の古志郷があるのです。これは「古志（越）国の人たちがやってきて、ため池を造ったので古志郷となった」という地名起源説話でありま す。こうして、出雲は二重、三重に各地の勢力と交流を結んでいた。

それから、もう一つお話しておきたいのは『播磨国風土記』です。飾磨郡の条に、「飾磨御宅《しかまのみやけ》」と「意伎《おき》（日本海に浮かぶ隠岐の島）・出雲・伯耆・因幡・但馬の国造」が出てきます。仁徳天皇のときに、隠岐と出雲と伯耆と因幡と但馬の五人の国造を召したといいます。このときに、五人の国造たちは、呼びに来た大王の使者を舟の漕ぎ手として扱ったというので、それはけしからんということで、播磨国に退けて、水田を作らせた。このときに作った水田が、八世紀初めの風土記編纂のころに、「意伎田・出雲田・伯耆田・因幡田・但馬田」という名前が付いて、その稲を納めた王権直轄領の屯倉《みやけ》が飾磨御宅となったと書かれています。ここでは、出雲国造だけが特別には扱われていない面が出ていると思います。都に行くのに、出雲は山陰道ですから、山陰道の正式なルートは、畿内から丹波の国、但馬の国に入って、それから因幡の国、伯耆の国、出雲の国と来なくてはいけないのです。その道を逆にのぼるのが普通なのですが、ここでは播磨の国に行っています。中国山地を越える道というのは、今も、鉄道で伯備線や智頭鉄道がありますし、また、近世に松江藩が、大阪、京都に安来のウナギを運ぶ交通路というのも、瀬戸内に出て大阪、京都に向かっているのです。

そういう中国山地を縦断する道がいくつもある中で、『播磨国風土記』には、「出雲人が来たけれども、その交通を阻害する神がいて、それをお祀りして何とか収まってもらった」という記事がたくさんあるのです。ですから、出雲市の西谷墳墓群に、吉備の祭祀用の土器が来ているという話もありますが、吉備だけではなくて、播磨地方とも大きな交流があったと言って良いと思います。

## おわりに

そろそろまとめさせていただきます。出雲の場合、『古事記』・『日本書紀』に国譲り神話など出雲神話が組み込まれている。また、律令国家において、出雲国造の任命儀礼や神賀詞奏上儀礼として、出雲国造にだけ王権との直接的関係が儀礼化されている。このことから律令国家にとって特別な位置付けを出雲が持ったと指摘できると思います。

出雲を中心として見れば、ヤマト王権との関係だけではなく、九州地方との関係もあり、オオクニヌシは宗像の女神と結婚している。

それから、高志国のヌナカワヒメとも結婚して、タケミナカタが生まれて、タケミナカタはあとで信濃の諏訪の神として収まっています。あるいは海の向こうの新羅から国の余りを引いてきている。隠岐の島からも、高志（越）国からも国土を引いているという関係がある。そういう形で、東アジア、ヤマト王権、律令国家、そして、隠岐、九州、北陸、諏訪、吉備や播磨といった各地との間で地域間交流をしながら、出雲が存在していた。出雲国は、そうした各地との密接な地域間交流の中で、その歴史を紡いできたと考えます。

地元の出雲国造を中心に編まれた『出雲国風土記』には、在地の人々の地名起源や伝承が、その土地土地の在地系の物語としていくつも残されています。それらについては、ぜひ『出雲国風土記』を読んでいただけるとありがたいです。島根県古代文化センターが、『解説出雲国風土記』という非常に便利な本も出しています。入門の本として素晴らしい内容と思いますので、ご覧いただければ良いと思います。

その際に、出雲中心主義になりすぎてはだめだと私の先輩の考古学者の渡辺貞幸さんが言っておられたことを思い起こします。それはそれで、一度出雲を中心とした交流の世界を見て、それから、日本史的には畿内のヤマト王権、律令国家を中心とした交流の展開も見るべきだと思います。中央からの視点と地方からの視点のそれぞれを相対化して、日本列島全体の各地の歴史を位置付けていくのが良いのではないのかと思っております。そういう際に、ほぼ完存して残る『出雲国風土記』というのは、大変貴重な史料であるということを最後に指摘して、私の話を終えさせていただきます。どうもありがとうございました。

【第2部】古代出雲の地域間交流

# 継体・欽明朝のヤマトと出雲

仁木　聡

## はじめに

みなさん、こんにちは。島根県埋蔵文化財調査センターの仁木と申します。本日はよろしくお願いいいたします。

まず、出雲の地理的な位置を確認したいと思います。わざと逆さまになっている日本地図を見てみると、出雲は山陰の中央部、非常に重要なポイントにあるのが、お分かりになるかと思います（図1）。

例えば、ヤマト王権がある畿内から朝鮮半島に向かおうとすれば、メインルートとしては瀬戸内、九州を経由して、朝鮮半島に向かうのですが、もう一つの重要なルートが日本海ルートです。丹後、若狭を出発して山陰の中央部、出雲が一つの拠点となります。この出雲を経由して、また九州の北部、壱岐対馬を経て朝鮮半島に渡

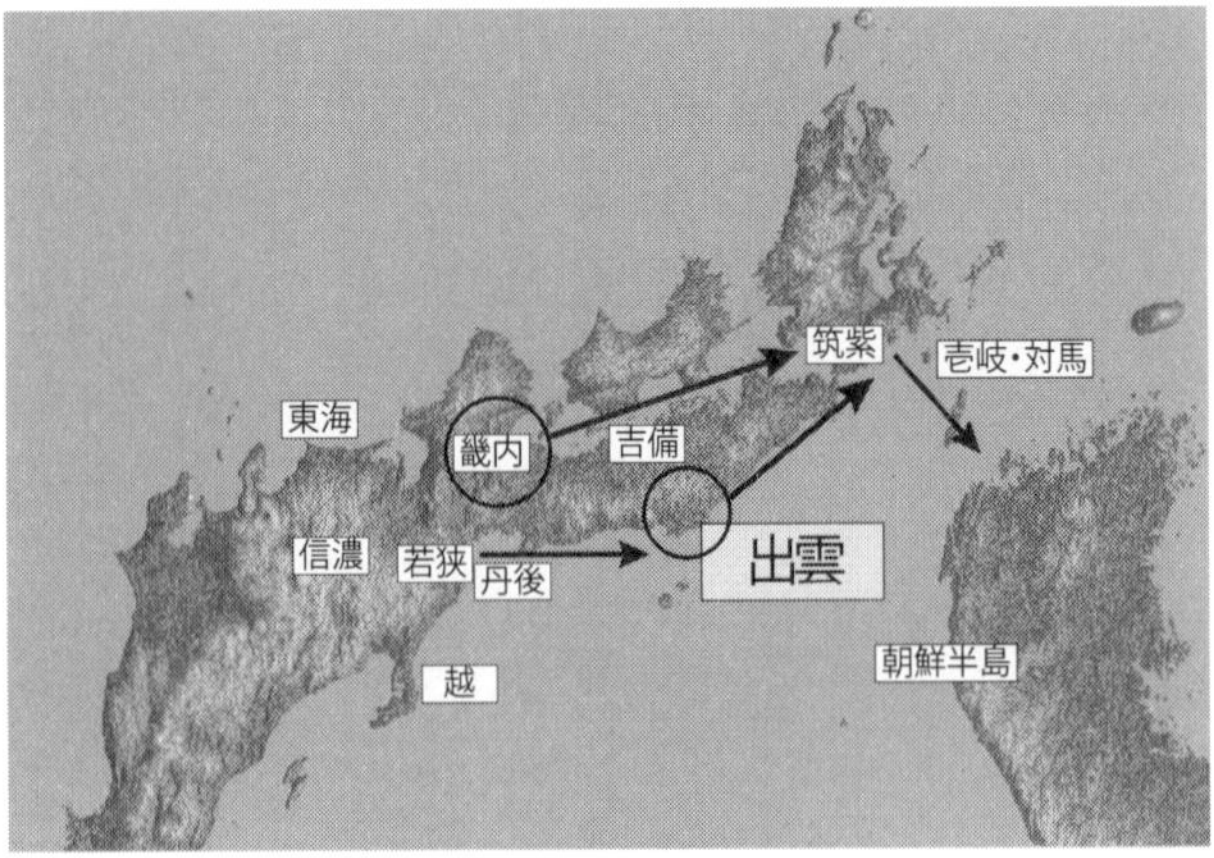

図1　出雲の地理的位置

る。こういう位置関係を見ていただくだけでも、出雲の重要性が何となくイメージできるかと思います。

本日は考古学のお話だけではなくて、西暦七三三年、奈良時代の初頭に成立しました『出雲国風土記』、そこに書かれている神話伝承なども検討しながら、お話を進めたいと思います。

**仁木聡**（にき・さとし）
島根県教育庁文化財課企画員
1974年、大阪府生まれ。立命館大学文学部卒業。専門は日本考古学。主な著作に「三尾鉄について」（『古代学研究』180）、「巨大方墳の被葬者像」（『前方後方墳の東西出雲の成立に関する研究』）など。

早速なのですけれども、現在進行形で行われている国家プロジェクトで、国家戦略特区があります。東京や関西など、そういう経済活発なところに立てられた戦略特区です。重要な点は、この特区の選定には国家が主体的に関与しています。これと同じようなことが、六世紀にも起こっているのではないかというのが今日の話です。

六世紀後半、欽明天皇の時代の大型前方後円墳の分布図に少し過激なタイトルを付けます。「六世紀のヤマト王権戦略特区」です。狙いは軍事・交通・開発の拠点づくり。しかも、特区の選定にはヤマト王権が主体的に関与しました(図2)。

まず、真ん中の大きな前方後円墳、これはこの時期に造られた最大規模の前方後円墳、五条野丸山古墳です。三三〇メートルもあります。一方、各地に偏在するのは、百メートル級の前方後円墳です。大体九〇メートルから一二〇メートルの古墳です。

この一〇〇メートル級の前方後円(方)墳は、少し意味深な分布をしています。一つは関東地方に広がっている。もう一つは九州のほうに集まっている。このクラスの古墳は全国でたった三一基しかない

図2　6世紀のヤマト王権戦略特区

のです。中国地方では、山陽の、瀬戸内海ルートのど真ん中の備中岡山と山陰の出雲に限定されます。

ここで注目していただきたいのは、六世紀における東西出雲の古墳の様子です。実は出雲では、六世紀に東西を二分するかのような政治勢力が成立しているのです。東は松江市を中心とする地域。西は出雲市を中心とする地域です。この距離感といいますのは、松江市の真ん中と出雲市の真ん中で、大体直線四〇キロになります。それくらいの距離感のある地域に、二つの政治勢力が誕生します（図3）。

東のほうは、前方後方墳を中心とする古墳がたくさん造られるエリアです。一方、西は前方後円墳や円墳、丸いお墓がたくさん造られるエリアです。各エリアの範囲に特徴的な石室や石棺を持ったお墓が造られています。石棺式石室は、九州中

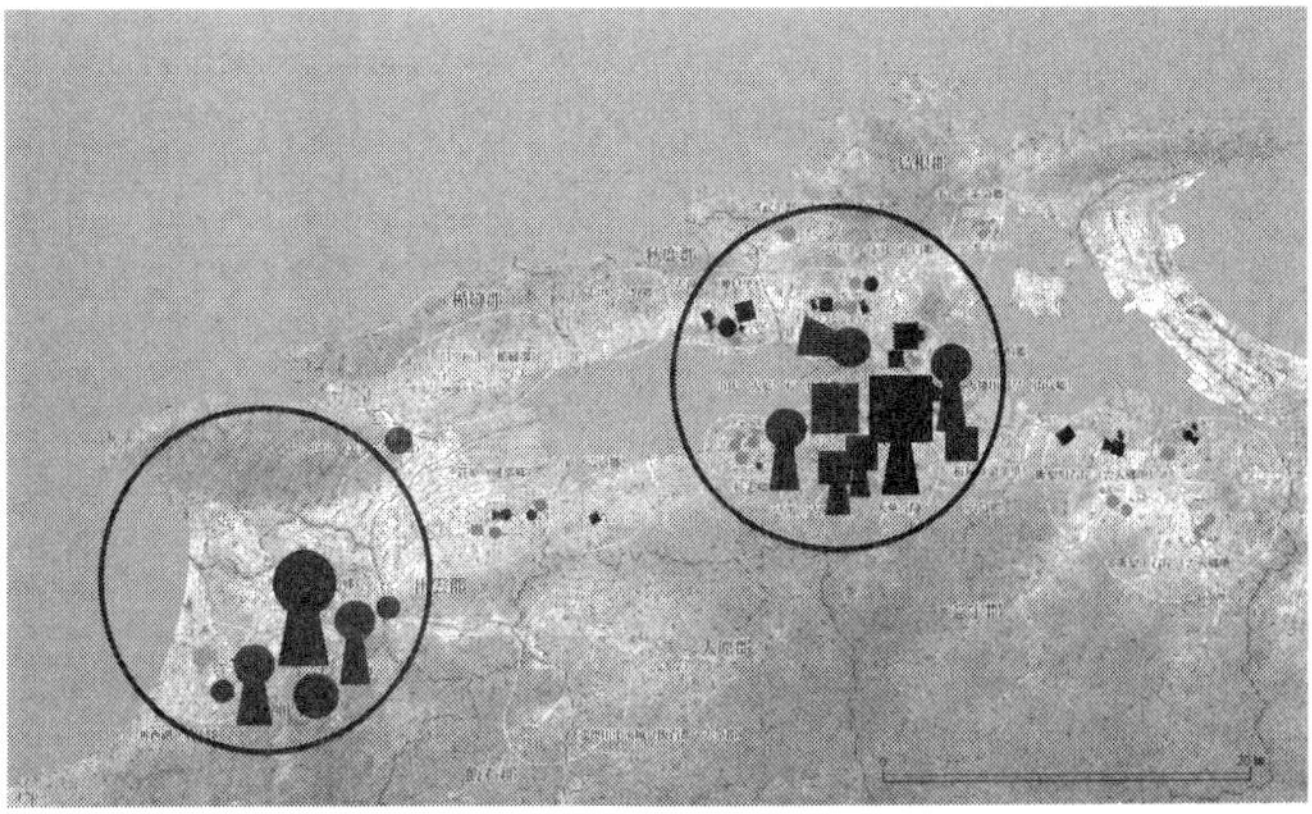

図3　6世紀後半における東西出雲の古墳-欽明天皇の時代

部の影響を受けており、これが東の範囲で広がっています。一方、西には、九州と畿内の影響を併せ持つ石室がたくさん造られています。まるで、対立するかのような二つの勢力です。

さらに、この東と西の範囲に造られている古墳に副葬された大刀の種類が、異なります。東のほうは刀の柄の部分に龍の文様や獅子の文様など、大陸や朝鮮半島に由来するような大刀がたくさん見つかっています。一方、西のほうは、倭の伝統的なスタイルをとった飾り大刀が副葬されています。

今日は、なぜ出雲の東西で異なる政治勢力が誕生しているのか。そういう歴史的な背景も探ってみたいと思います。

まず六世紀初頭、継体天皇の時代になりますと、出雲の東では、代表的な古墳が造られます。西のほうはあまり分かっていなかったのですが、改めて継体天皇の時期の出雲の古墳を調べてみたら、継体天皇と関係する古墳がそれぞれ東と西に出現しているというのが分かってきました。

そして継体天皇の時代を経た、欽明天皇の時代に、突如として東と西に大きな政治的なまとまりができるのです。東は五世紀以来のまとまりが延長的に形成されているのですが、西は全く突然なのです。その突然の直前というのが継体天皇の時代です。この辺りが今回のお話の肝になります。

続いて、欽明天皇の娘の推古天皇の時代になりますと、東だけに大きな古墳が造られているのです。この時期をもって、出雲の東と西が統合されているという見解があります。しかし、今日は、六世紀代、継体・欽明天皇の時代に注目したいと思います。

## 一、継体天皇の登場と出雲

まず、東西出雲の成立の謎を探っていきたいと思います。

四世紀から五世紀に、天皇の系譜というのがあるのですが、応神天皇から武烈天皇まで十一人。この武烈天皇が五世紀の末頃とされていますが、このころに皇統が途絶えるのです。困ったヤマト王権の重臣たちが、応神天皇の五世孫の男大迹王《ヲホド》という人物を担ぎまして、天皇にするのです。それを引っ張ってきたのがヤマト王権の重臣である大伴金村たちです。『日本書紀』によりますと、西暦五〇七年に即位、五七歳です。非常に遅咲きの天皇なのです。

『古事記』によりますと、近江出身の人物。日本書紀によりますと、越前出身の人物です。これは何を意味しているかといいますと、ヤマト王権直系の王族ではなくて、傍系の王族だったという説が有力です。

『古事記』・『日本書紀』によりますと、『古事記』には七人のお后、『日本書紀』には九人のお后、そのお后の出身地は大和だけではなくて、大阪の河内、尾張名古屋、越前若狭、近江にいるのです。つまり、こういう地域の勢力をバックボーンに持ったのが継体天皇だったのではないかと言われています。

畿内の大型古墳の分布を見ますと、元々五世紀以前の王族たちは、奈良盆地・大阪平野に古墳を造っていることから、そこが勢力基盤と考えられています。ところが、継体天皇は琵琶湖の周辺から大阪湾に注ぎ込む淀川水系、ここを勢力基盤にしていると考えられています。

その中心地の高槻市、ここに継体天皇のお墓があると言われています。それが今城塚《いましろづか》古墳です（図4）。ちなみに息子の欽明天皇のお墓と考えられている五条野丸山古墳は、奈良盆地に造られています。これは、欽明天皇のお母さんが手白香皇女《たしらかのひめみこ》といい、雄略天皇の孫娘なのです。

そのお母さんも、お墓が天理市にあると言われています（西山塚古墳）。そういうことで、お母さんが直系王族である欽明天皇は、大和を勢力基盤とし、大和に古墳を造っていると言われています。

さて、継体天皇のスケールを表すのが今城塚

図4　今城塚古墳
（写真提供：高槻市教育委員会）

古墳です。宮内庁は、ここを継体天皇のお墓だとは言っていないのですが、考古学的・古代史的には、ここが継体天皇のお墓である可能性が非常に高いと言われています。全長一八一メートル。二重の周溝で囲まれており、それを含めると三五四メートルもあります。六世紀前半の古墳としては最大規模になります。

注目していただきたいのが外堤です。発掘調査の結果、埴輪の破片がたくさん出てきました。それを組み立てたら、二百点にものぼる埴輪になったと言われています。

埴輪というのは、古墳を飾るためのもので、今城塚古墳の場合は、堤の上に継体天皇のお葬式の場面や、即位したときの様子を表すために色々な埴輪を並べたと言われています。この埴輪の一部も、実は出雲と少し関係がありますので、頭の片隅に置いておいてください。

今城塚古墳は、ほとんど破壊されているのです。鎌倉時代に盗掘を受けたあと、戦国時代の末期に地震で大きく壊れています。そこには横穴式石室があったのです。しかし、考古学の発掘で、色々な石の破片が見つかったのです。これらの石は二上山の白石、今の兵庫県高砂市にあります竜山石、そしてピンク色の破片は、熊本の阿蘇凝灰岩と言われるものです。これらは棺の欠片なのです。大阪まで遠く九州から石棺を持ってきているのです。このような棺を継体天皇、あるいはその近親者、奥さんかもしれませんし、子どもかもしれませんが、その人たちのために、わざわざこういう石棺を造っているのです。

## 二、継体天皇を擁立・支持した本州西部の新興勢力

実際に、この継体天皇を支えた豪族はどのようなものだったかご紹介したいと思います。よく考古学者が、「これはヤマト王権（継体天皇）にまつわる豪族だ」とか、色々なことを言っておりますが、やはり考え方があるのです。三つの考え方をご紹介します。

①古墳の形と大きさは、ヤマト王権における被葬者の政治的・社会的位置を表している。前方後円墳、前方後方墳、円墳、方墳と、古墳の形があります。これは序列になっているのです。前方後円墳は一番格式が高い。

それから、もう一つは大きさの大小。これは権力の序列を表していると言われています。こういう考え方から、六世紀前半の最大の前方後円墳という今城塚古墳は、まさに最上位に該当する継体天皇のお墓です。

こういう考え方で全国の古墳を見ていきますと、継体天皇の規模に次ぐ前方後円墳があります。これがいわゆるナンバー二と思われる人たちですが、例えば、継体天皇のお后にまつわるような地域、あるいは、関東にもぽつぽつ造られたり、九州のほうにも造られたりするのです。こういうナンバー二クラスの人々が全国にいる。

それから、もう一つ。②副葬品は被葬者の性別と生前の活躍を表す。広帯二山式冠《ひろおびにざんしきかんむり》、三葉文楕円形杏葉《さんようもんだえんけいぎょうよう》、捩《ねじ》り環頭大刀といった、三つの器物は継体威信財と言われて、継体天

皇が特別に作らせて与えたものだと言われています（図5）。ですから、この三つのうち、一つでも古墳から出土すると、継体天皇との関係が深い人物が葬られている可能性が、考えられております。

　これらがたくさん副葬されているのが琵琶湖周辺と、お后の出身地とも言われている越前や淀川水系です。ここがまさに継体天皇の直属の配下がいるところで、継体天皇の、まさに勢力基盤の中心だと考えられています。

　もう一つ、③被葬者が葬られた棺や石室は、被葬者の血縁関係、あるいは婚姻関係などの同族的な関係を色濃く反映している点です。九州の影響を受けた石室を持っている古墳、畿内の影響を持っている古墳の分布図と、先ほどの副葬品のお話や古墳の話を付け加えて考えましたら、これが継体天皇と関係のある西日本の古墳という可能性が、一つ言えそうです。

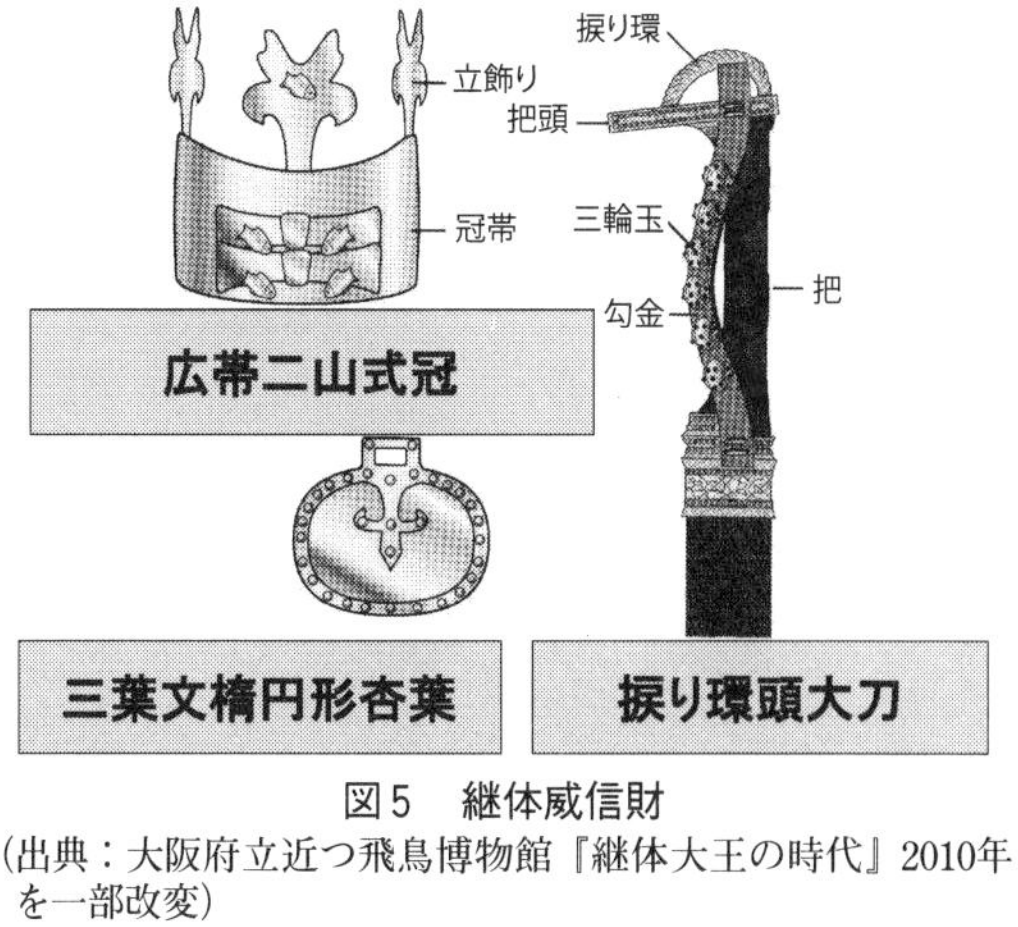


図5　継体威信財
（出典：大阪府立近つ飛鳥博物館『継体大王の時代』2010年を一部改変）

　このことについてお話すると、各古墳ごとに色々なドラマがあるのですが、今日は出雲に特化したいと思います。この分布から一つ言えることは、『日本書紀』によると、継体天皇は朝鮮半島に出兵したり、九州の筑紫君磐井という大豪族と戦ったりしています。その攻め込むルートを表しているのではないかという考えが一つ成り立ちます。

日本海ルートと瀬戸内ルートのほかに、日本海と瀬戸内をつなぐ山間部のルート、こういうものも見え隠れしているのです。

ここから出雲のお話です。継体天皇と関係の深そうな出雲の古墳というのがいくつかあります。本当は、大庭鶏塚《おおばにわとりづか》古墳という古墳が継体天皇と非常に関係が深いと思うのですが、埋葬施設が調査されていなくて、実態が分かりませんので、これは少し措いておきます。

注目したいのは、薄井原古墳です。築かれた場所が非常に重要です。

奈良時代の政治文化の中心地、出雲国意宇郡《おうぐん》の意宇平野、ここは出雲東部勢力の中心地で、大きな古墳がたくさん造られるところですが、ここから北に行くルート、風土記に記されている奈良時代の交通路です。この交通路が五世紀、六世紀に遡るという話もあります。

この交通のルートは、さらに西に向かえば出雲西部に向かいますし、東に行けば日本海に直結する。こういう交通の結節点に薄井原古墳が造られています。

この薄井原古墳は、全長五〇メートルの前方後方墳です。出雲の東部は前方後方墳を多く造っています。この古墳も出雲の東部勢力の一員と考えられるので、前方後方墳を造っているのですが、埋葬施設に畿内系の横穴式石室を二つも造っているのです。この石室と似ているものが、京都府向日市の物集女車塚《もずめくるまづか》古墳の石室で、石棺も似ていると言われています（図6）。

最近の研究で、先ほどの継体威信財が副葬されている古墳の中には、薄井原古墳と同じプランの石室をしたものが、実は四つも造られているのです。これは、継体天皇が自分を支えてくれた豪族に、特別に与えたプランの石室だという評価がされています。継体天皇と直接的につながっているような豪族にしか与えられないような石室プランを、出雲の豪族ももらっているのです。

ここまでくると、みなさん「副葬品はどうなっているの？」と思いませんか。少し残念な結果ですが、薄井原古墳は盗掘されていたのです。ですから、継体威信

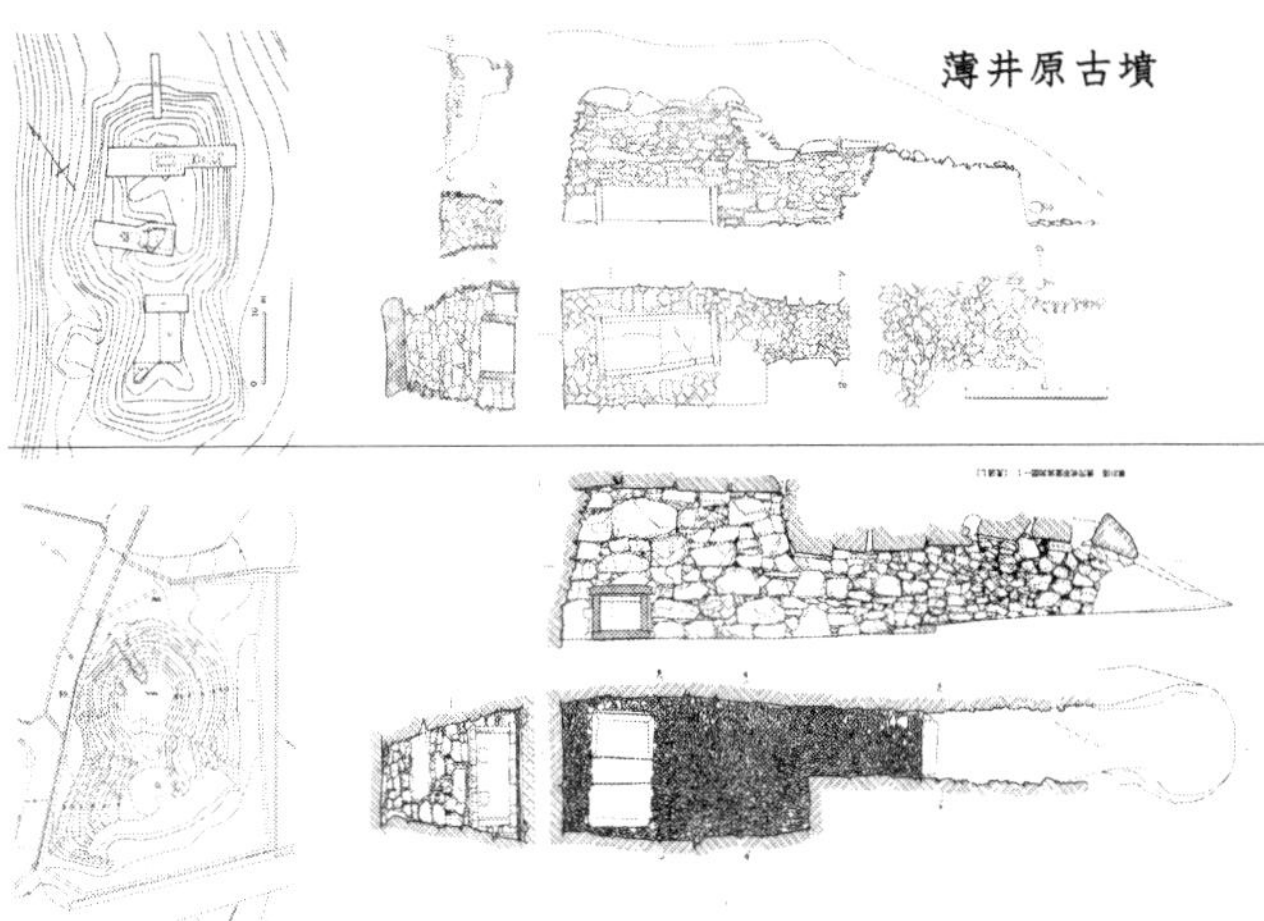


図6　薄井原古墳と物集車塚古墳

財の存在はよく分からなかったのです。しかし、残された須恵器を見たら、大体作られた時期が六世紀の半ばぐらいということが分かっています。一方で、石室の中にあった盗掘を免れた副葬品には刀とか、一部馬具の飾り金具もあったりするのですが、重要なのは、鉄鏃です。ここに継体天皇と出雲の豪族の関係を示すものが見つかったのです。鉄鏃というのは、最近の考古学研究では、自分たちの地域や同族関係を表すという説があるのです。要するに、当時の人々にとって、この鉄鏃を見たら、「これは○○さんのところからきた人だな」というぐらいのイメージが持たれていた可能性を考えて良いのかもしれません。

この鉄鏃は、逆刺の部分が二段逆刺になっています。このような特殊な形をしている鉄鏃が出雲にはない。「これは一体何なのだろう?」ということで、薄井原古墳と同じ石室プランをした淀川水系の古墳の副葬品を比べてみたのです（図7）。

そうすると、結論だけお話しますと、この鉄鏃が一本二本似ているだけではなく、四セット、全く同じものが出雲と山背・摂津から出土している。こういうことから、薄井原古墳に葬られた人物は、継体天皇とつながりを持っている、あるいは継体天皇のお膝元の豪族とつながっているということが証明できるのではないかと思います。

ここまでくると、では、どういう人が薄井原古墳に葬られていたのか、気になりますよね。ここで重要な資料になってくるのが、冒頭にお話した『出雲国風土記』なのです。

『出雲国風土記』秋鹿郡条に興味深い記事があります。これは恵曇陂《えとものつつみ》の開発伝承記事で、わざわざお隣の島根郡のトップ官僚、社部臣訓麻呂《こそべのおみくにまろ》のご先祖のお話が記されています。内容は、波蘇《はそ》という名前のご先祖さんたちが、恵曇陂を開発したとする記事です。どの

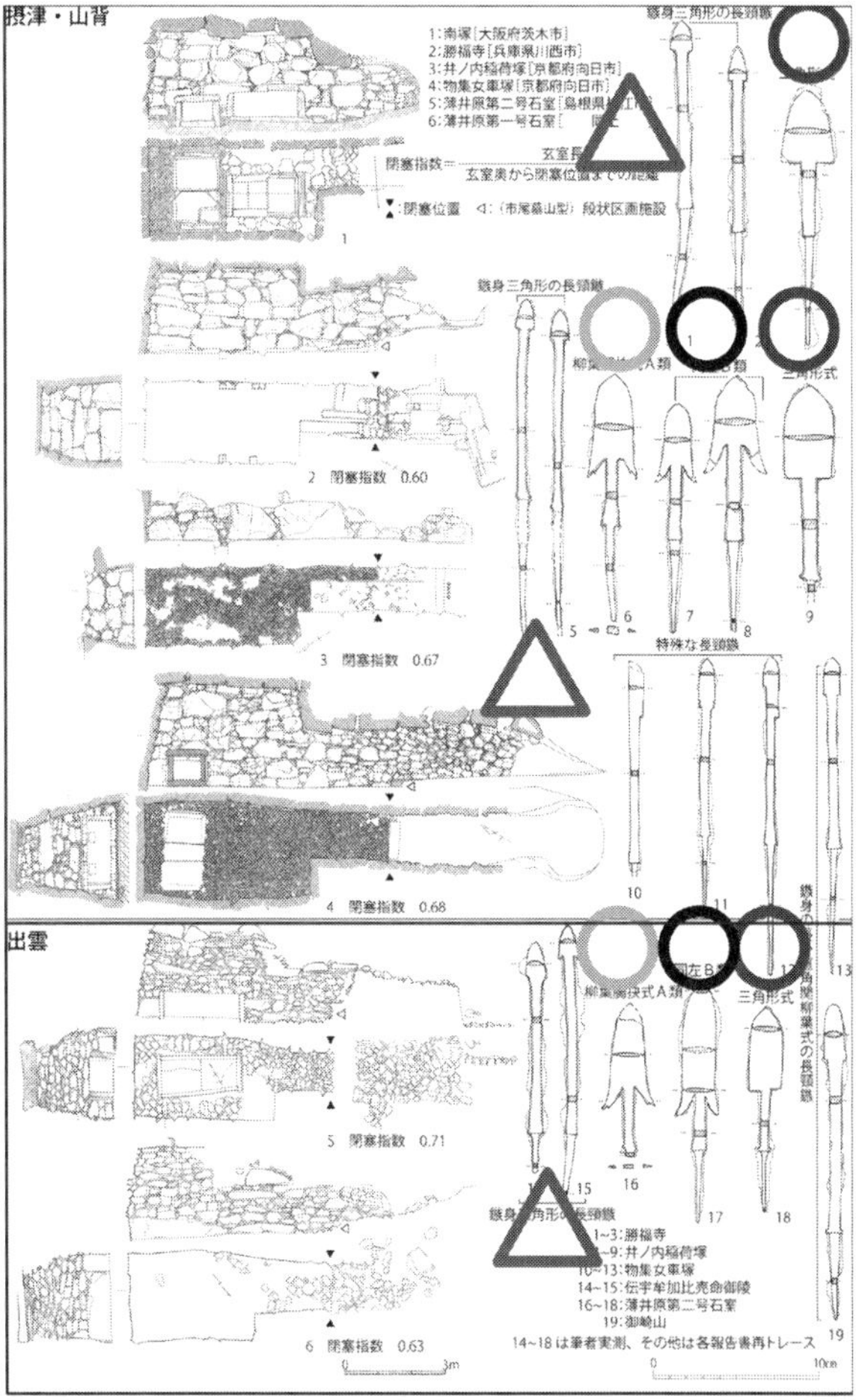

図7　摂津・山背と出雲の類似性―石室・石棺と鉄鏃

ような開発だったのか。波蘇たちは、水はけの悪い低湿地の水面の排水を促すために、大きな岩盤を二箇所くり抜いて、水はけを良くしたという伝承なのです。規模が二箇所で合計幅六メートル、そして幅四・五メートルぐらいの川幅を確保するという大工事をしているのです。

なぜ、『出雲國風土記』の秋鹿郡のページにわざわざ島根郡関係者の記事を掲載しているのか。これは、元々、七世紀の行政区分では、二つの郡は一体だったという説があるのです。すなわち、このエリアは元々秋鹿郡と島根郡が一体だった。それを島根評という、こういう説があるのです（図8）。ですから、元々一体だったので、秋鹿郡のページだけど、島根郡の官僚の御先祖の話を載せていると考えられています。

薄井原古墳と恵曇陂は、距離的には、大阪城と住吉大社ぐらいの距離です。それぐらいの距離感のところのお話です。

波蘇はいつの時代のご先祖なのかは『出雲國風土記』に

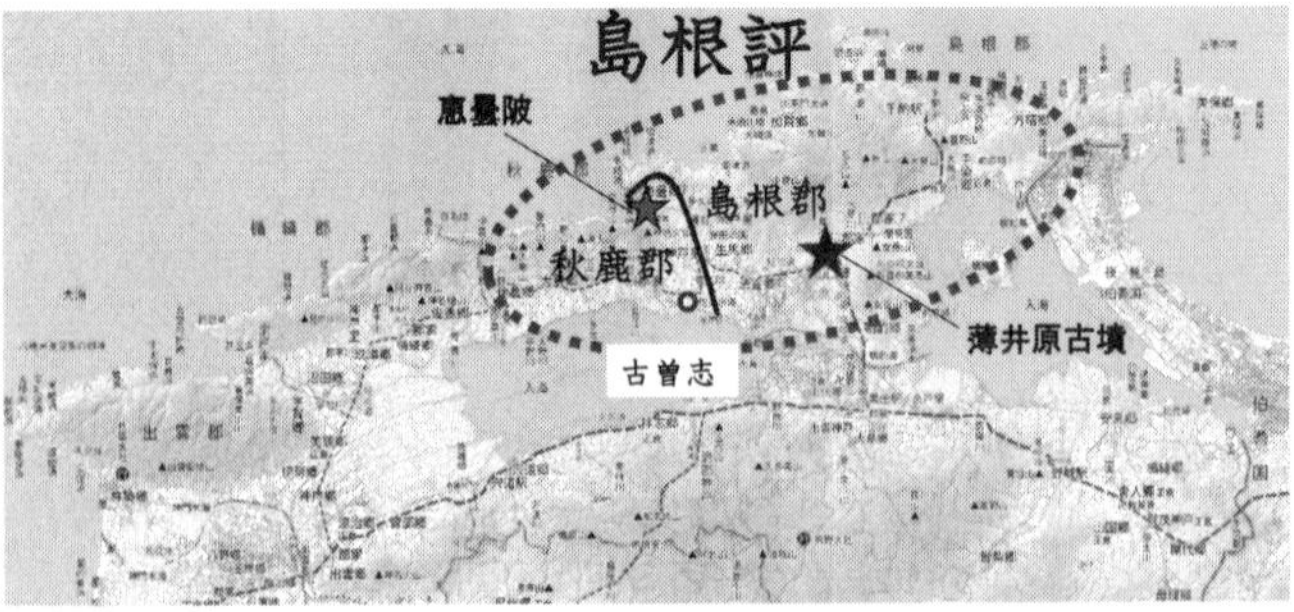


図8　薄井原古墳と恵曇陂の位置

書いてないのです。しかし、古代史の研究では、律令時代、七世紀以前の人物であった可能性が高いと言われています。

興味深いのは社部臣訓麻呂。社部氏というのは、継体天皇の勢力基盤である高槻市の摂津三嶋と出雲にしかいないのです。出雲には社部氏の地名を表現している古曽志《こそし》という地区があるのです。そうすると、「薄井原古墳の被葬者は、この波蘇たちなのですか？」という話を少し考えてみたいと思います。

薄井原古墳が築造される六世紀には、この秋鹿郡には有力な古墳がないのです。したがって、薄井原古墳の被葬者は、秋鹿郡を支配地域としていた可能性が十分に考えられます。それは、秋鹿郡と島根郡が元々一体だったという説と響き合うのです。

薄井原古墳の被葬者は、継体天皇とそれを支えた摂津・山背の有力豪族と深くつながっています。この六世紀の前半、継体天皇と少しつながったときに、摂津三嶋にいる社部氏と、この出雲の社部氏が同族関係として結ばれたのではないかという説が一つ成り立つのです。

したがって、薄井原古墳の被葬者は、波蘇とまでは特定できないのですが、社部氏の祖先であった可能性は十分に考えられるということです。

では、恵曇陂の大工事、ヤマト王権が関与した開発なのかどうか考えてみたいと思います。

恵曇の開発は、岩盤をくり抜くという高度な土木技術を必要とする開発事業です。考古学的には、薄井原古墳の被葬者と継体天皇、あるいは継体天皇を支えた摂津・山背の豪族と密接な関係にあったのは確実です。先ほどの石室と鉄鏃の話です。したがって、恵曇陂は継体天皇の時代に遡る開発で、ヤマト王権が関与した可能性も考える余地はあろうかと思います。私もここまではさすがに「そうかな」とも言い切れないので、こういう表現をしていますが、そういうことも考えてみたらどうなのかと思います。

恵曇陂については、研究が進んでおり、推定地が分かっています。岩盤をくり抜いた磐壁の部分のすぐそばにある稗田遺跡というのは、発掘調査で六世紀に水田化しているということが分かっています。恵曇陂のすぐそばです。まさに、六世紀に干上がって田んぼにしているので、伝承通りではないのかなと考えられます。面白いのは、『出雲国風土記』には、周りに池があったと記されています。ですから、開発をたくさんして、ため池も作っているのです。

継体天皇のお膝元、社部氏の本拠地、これが高槻の今城塚古墳があるところですが、このすぐそば二キロ離れたところに古曽部《こそべ》町というのがあります。出雲の古曽志と高槻の古曽部町。この古曽志は社部の存在を示すと文献史学では言われています。

みなさん、土師氏というのをご存知ですか。『日本書紀』によると、垂仁天皇の時代に古墳を造るときに、人々を殉葬させようとしたら、「いやいや、そんなことをしたらだめですよ。埴輪を立てて、それに代わることをしてください」と言った人が野見宿禰《のみのすくね》という人物です。

それは土師氏の祖先の話なのですが、この野見宿禰というのは出雲の出身です。高槻市古曽部町の近くには、野見神社がありますが、文献史学では、この土師氏と社部氏は同族関係を持っているらしいのです。ですから、野見宿禰の時代（五世紀代）から摂津・山背と出雲が深い関係にあるのではないかという説があります。

薄井原古墳の被葬者像をまとめると、継体天皇との君臣的関係、あるいは継体天皇を支えた摂津・山背の勢力と密接な関係を有した人物。そして、ヤマト王権の関与が疑われる島根半島東部の地域開発、恵曇陂ですね、それを行った可能性も推測されます。

続いて次は、出雲西部の古墳を見ていきたいと思います。出雲郡美談《みだみ》郷の上島《あげしま》古墳になります。ここも意味深なところで、風土記時代の道に面して、宍道湖から日本海に向けてのルートがあるのです。もう一つは、この宍道湖と、現在の出雲平野には昔、神戸水海《かんどのみずうみ》という大きな水海があったのです。それをつなぐ分水嶺のようなところに

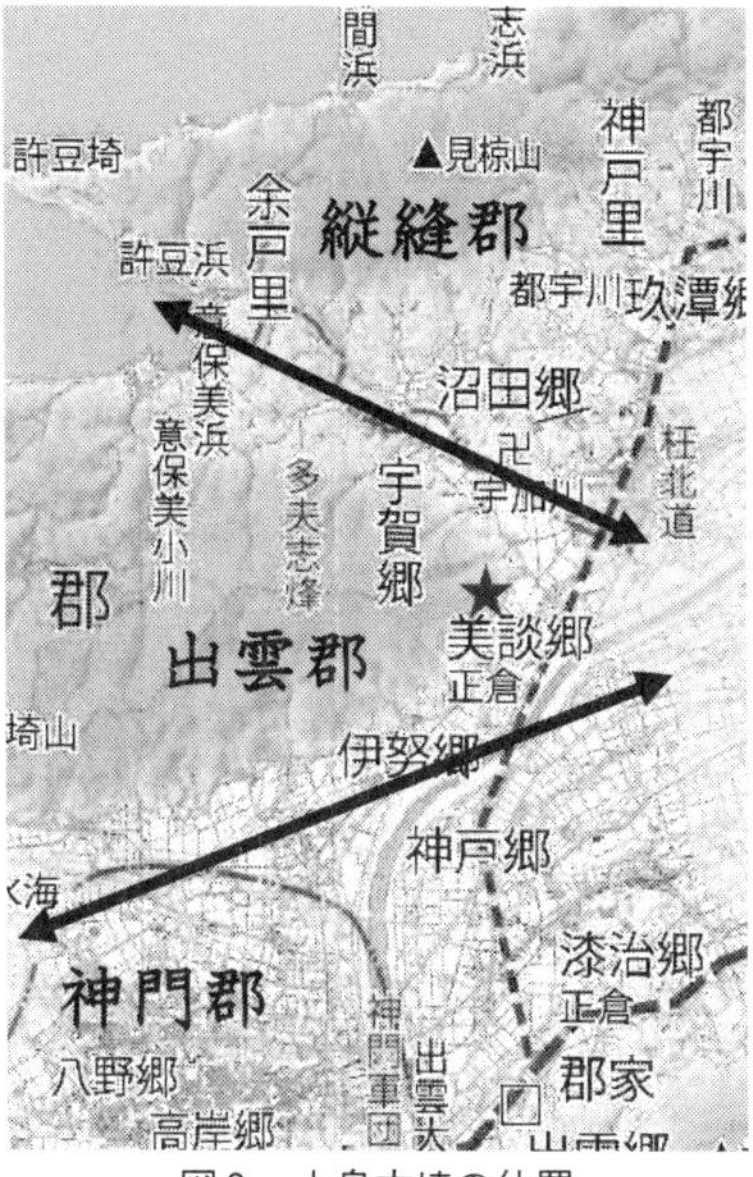

図９　上島古墳の位置

美談郷があって、上島古墳が造られているのです（図9）。

上島古墳は前方後円墳という説もありますが、直径二一メートルの円墳です。これは戦後すぐに発掘され、石棺と副葬品を納めた竪穴式石室が二つ並んで造られていました。石棺の中に人骨があって、たくさんの副葬品がありました。もう一つの竪穴式石室には遺体が埋葬されていません。副葬品ばかり納めている石室があったのです。棺と副葬品ばかり納めた小さな石室を造るというパターンは、畿内に結構多いので、畿内的な要素が非常に強い古墳です。

この古墳の重要なところは石棺の大きさで、二一メートルを超えています。かなりの大きさなのです。色々な研究があって、この石棺は大和盆地南部の家形石棺にかなり影響を受けていると言われています。ですから、畿内の影響を受けた石棺・石室なのです。

なおかつ、このタイプの石棺は、六世紀後半以降の出雲西部勢力の石棺の祖形的なものになっているのです。そういう重要な画期になる古墳です。

副葬品が納まっている石室からは、鈴の付いた鏡、鈴の付いた釧、カラカラ鳴るような器物です。いずれも山陰で唯一の出土です。なおかつ、鈴鏡は物部氏が関与する威信財という見解があるのです。

さらに、古墳の規模が二一メートルという円墳ながら、馬の飾り金具、乗馬するときの鞍や轡、そういう最新式のものが一括で副葬されている。ヤマト王権から破格の待遇を受けている古墳なのです。

副葬品の中で継体天皇との関係を示す遺物も見つかっているのです。こちらは護拳帯《ごけんたい》飾金具。何かと言いますと、刀を握るところに皮紐（勾金《まがかね》）を付けて手を守る、そこに付ける飾りです。先ほどの捩り環頭大刀の握るところにわざと皮紐を付けて、拳を護るものと同じです。捩じり環頭大刀には三輪玉が付いていますが、上島古墳の大刀はこの飾りの金具なのです（図10）。この金具が、全国でもすごく珍しいのです。出ているのが出雲と奈良の新沢千塚だけなのです。新沢千塚は大伴氏の墓域だと言われています。

　これがなぜ継体天皇と関係するのか。継体天皇が葬られている可能性が高い今城塚古墳の大刀形埴輪の刀の握る部

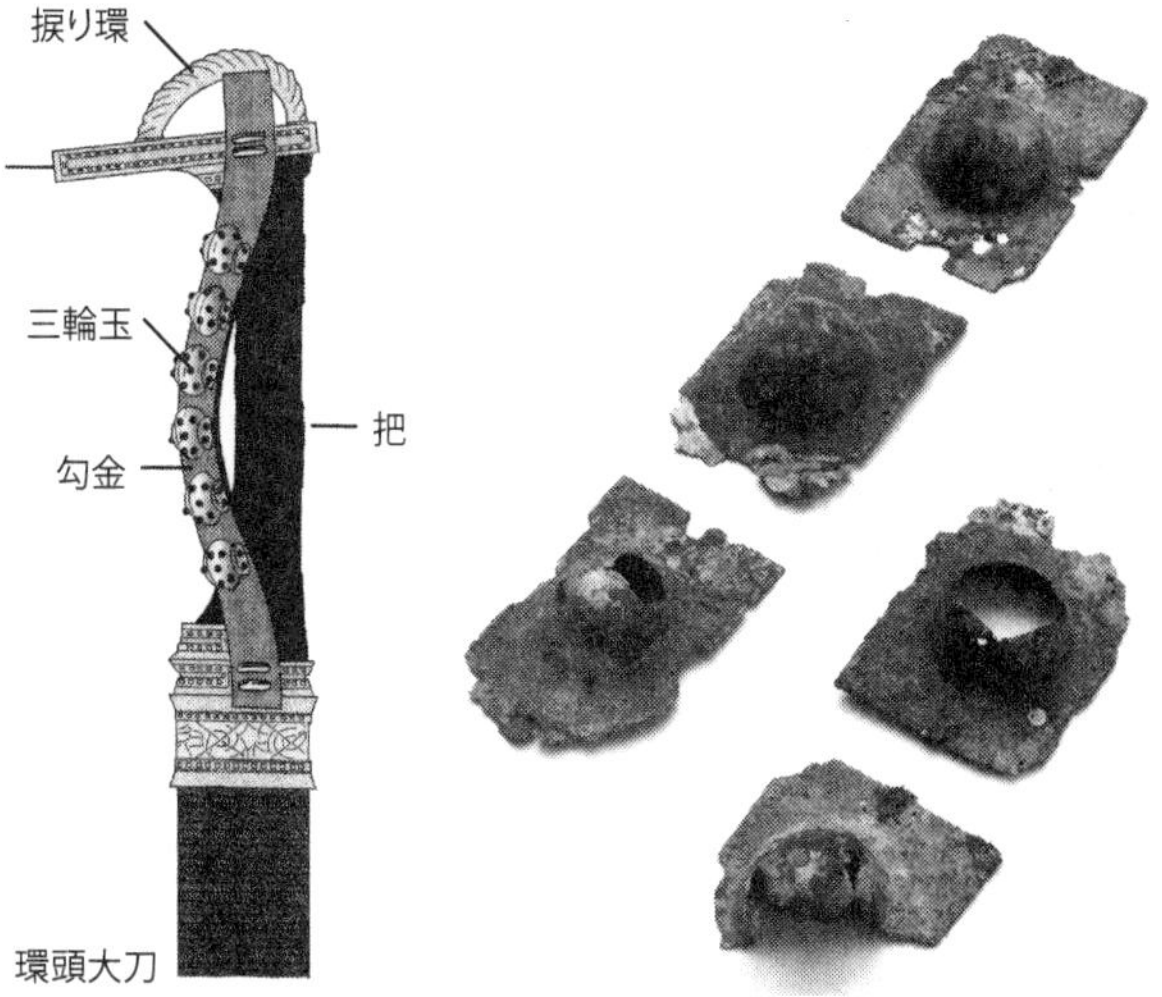


図10　上島古墳と護拳帯金具
（図出典：図５に同じ、写真提供：出雲市文化財課）

分を保護する革紐の装飾の表現に注目して下さい。ここには半球状のものがぽつぽつ付いていますが、その周りに四角い線が引かれて、×印が付いているのです。昔は丸玉を付けている表現と考えられていたのですが、上島古墳の飾金具と比べると、金属製の飾りを付けてい大刀を表現している可能性があります。

そうだとすると、上島古墳の被葬者は、継体天皇が持っているような刀をヤマト王権から下賜されている可能性もあります。そういうことで、上島古墳をもっと評価したほうが良いと思います。

さて、上島古墳は出雲の美談郷にあります。ここには地名説話があるのです。『出雲国風土記』出雲郡美談郷の郷名起源説話。「オオクニヌシの御子神である和加布都努志命《わかふつぬしのみこと》が、天と地が初めて分かれた後に、天御領田《あめのみた》の長として、お仕えになった。御田《みた》を見る神の意味で三太三《みたみ》という」、重要なのはこの御田《みた》です。御田《みた》を見ている神様だから美談郷《みだみ》だと。天の御田というのは屯田《みた》を指す。屯田はヤマト王権の直轄地の水田。そういう意味深な記述があるのです。

さらに、『出雲国風土記』出雲郡美談郷には、阿我多社《あがた》が三社も記されている。阿我多社という社があるのです。現在は、縣《あがた》神社として、出雲市国富町と美談町の美談神社境内にあります。県《あがた》はヤマト王権の直轄地を意味することから、当地に県が設置された可能性が高いと指摘されています。ここにヤマトの直轄地があったという説が有力なのです。考古学的には、六世紀中ごろの上島古墳の築造から七世紀まで、安定的にここに古墳が造られるのです。このことから、県の設置は六世紀以降に接点がある可能性が説かれています。大変魅力的な説です。

上島古墳の被葬者像をまとめると、継体天皇との君臣関係や、継体天皇を支えた大和盆地の勢力と密接な関係を有していました。これはひょっとすると物部氏、あるいは大伴氏かもしれません。そしてヤマト王権が関与した島根半島西部の地域開発、屯田や県です。それに関与した人物の可能性も考える必要があります。

薄井原古墳と上島古墳の被葬者の共通点をまとめると、①出雲東西の陸上交通と日本海ルートの要衝に築造されている。②継体天皇、あるいは継体天皇を支えた中央の豪族と密接な関係にある。③『出雲国風土記』からの研究を参照すれば、地域の開発、新田開発や土木事業に関与している可能性が推測される。と三つの点が指摘できます。

この継体天皇の時代背景ですが、なぜ、交通の重要なところの豪族と関係を結んでいるのか。なおかつ、開発をしているような節がある。

『日本書紀』には、継体天皇から推古天皇の時代に大規模な朝鮮半島への出兵が行われているのです。それは朝鮮半島の北部にある高句麗が脅威になっていて、百済と新羅が日本の権益的地域であった伽耶という国に攻め込むのです。伽耶は、倭の五王の時代から、日本の外交の窓口なのです。ここに百済と新羅が来たらたまったものではないので、継体天皇は一生懸命護ろうとしたのです。

　継体朝期の古墳の分布を参考にしてルートを考えると、まさにそこを通って朝鮮半島に攻め込んでいる可能性があるのです。こういうルート上に継体天皇との関係を示す古墳がたくさん造られていると考えられます（図11）。

　また、継体天皇を継いだ安閑・宣化・欽明朝、この時代にヤマト王権の直轄地である屯倉《みやけ》の設置記事が集中しているのです。屯倉というのはヤマトの直轄地です。よくよく調べてみたら、この屯倉は、朝鮮半島に攻め込むルート上にぽつぽつと造られています。半島計略の後方支援のために、ヤマトの直轄地が置かれているのではないでしょうか。そこには継体天皇との関係を示す古墳が造られているパターンが多いのです。

　それからもう一つ。六世紀は地球規模で発

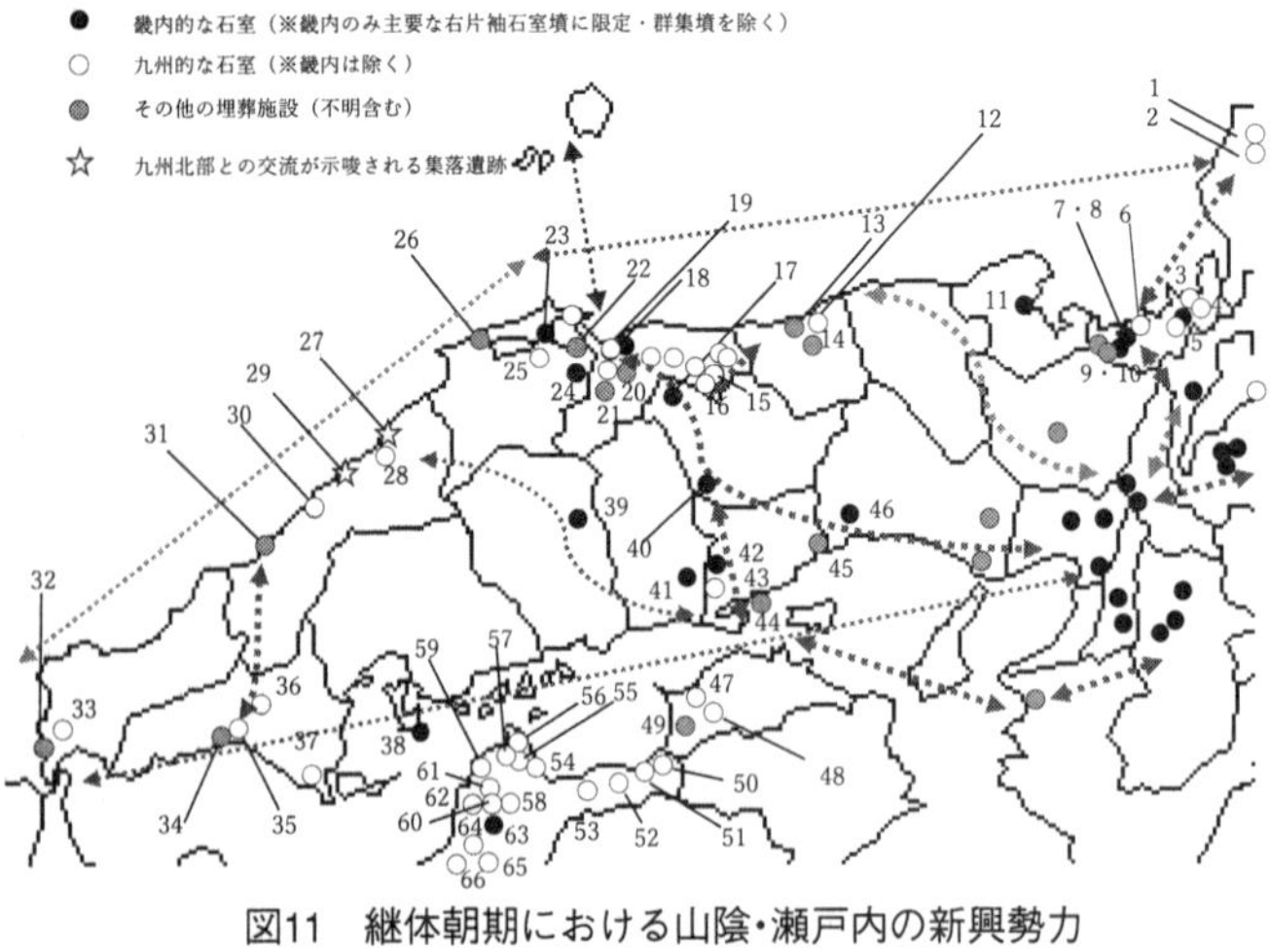


図11　継体朝期における山陰・瀬戸内の新興勢力

生した気候変動の只中にありました。近年、自然科学の分野から、西暦五三六年にインドネシアにあるクラカトア火山が大噴火して、火山灰の影響で世界的な寒冷化になっているという説があるのです。五三六年に気候変動が起こっている。そういう不安定な時期に対応している。

さらに日本の自然科学分野の研究者が、最近、植物の年輪の中のセルロースに含まれる酸素同位体の比率を年輪ごとに調べてみたら、西暦五二〇年から六世紀末にかけて、ここの数値が乱高下している。つまり、干ばつや洪水が頻繁に起こったりしている可能性が考えられています。そこに『日本書紀』の記述を当てはめてみたら、例えば、五二七年に洪水がたくさん起こっているような時期に、西日本で筑紫君磐井の乱が起こっている。そして、干ばつが起こっているころには、武蔵国で国造が争っている。あるいは、五三五年に屯倉がたくさん設置されている。『日本書紀』に書かれているきな臭い話と環境変動が一致しているのではないかという説があります。

環境変動が自然科学の分野から言われていて、なおかつ、歴史学との接点も見えてくるということで、これは当たっているかどうかまだ分からないのですが、そこと歴史が関係しているということをお話ししました。

以上のことを基に考えると、継体朝における出雲の画期というのは次のとおりです。

継体天皇（ヤマト王権）は、朝鮮半島派兵に伴う軍事力の増強、それに伴う後方支援、あるいは地球規模での環境変動に対応するために、食糧増産を目的に出雲での開発に関与したのではないか。継体天皇と薄井原古墳、上島古墳の被葬者が結ばれた歴史的背景は、軍事、交通、開発にあったと考えます。

## 三、欽明朝（六世紀後半）と「東西出雲」の成立―出雲西部の池溝《うなて》開発―

欽明天皇の時代で、いよいよ東西出雲がどう成立していったのか。そのときに重要なのが、出雲西部の地溝開発です。池や溝を作っているのです。

欽明天皇は、継体天皇と雄略天皇の孫娘である手白香皇女《たしらかのひめみこ》の間に生まれた正当なヤマト王権の血筋を引く人物です。継体天皇の内政と外政を継承して、地方統治と開発を強力に推し進めた人物だったのです。在位は五四〇年から五七一年です（『日本書記』）。

このときに出雲では、さらなる開発を進める政策をとったものと考えられます。それを物語るのが、六世紀後半に築造さ

図12　大念寺古墳の家形石棺

れた大念寺古墳です。この大念寺古墳に注目したいと思います。
出雲西部で一番大きな古墳です。欽明天皇と関係がありそうなのです。奈良県橿原市にあります五条野丸山古墳（見瀬丸山古墳）は欽明天皇が葬られている可能性が高いと考えられています。それと大念寺古墳の墳丘築造規格が類似しているという説があります。これは結構関係が深いと思われます。

そこで、欽明天皇のお墓と考えられている五条野丸山古墳と大念寺古墳を少し比較していこうと思います。まず、規模は圧倒的に違います。以前、五条野丸山古墳は三一〇メートルくらいと言われていたのですが、最近、京都橘大学の一瀬和夫さんらが、「レーザー測量したら、三三〇メートルぐらいあるのではないか」と言われていたので、今回は三三〇メートルで紹介します。大念寺古墳は九二メートル。三三〇メートルから考えると、大体三分の一の大きさです。墳丘規模で圧倒的に欽明天皇との差が大きいように見えますが、そうとも言い切れないのです。

石室を見ると、五条野丸山古墳の横穴式石室は日本最大です。端から端まで二八・四メートル。二五メートルプールの長さより長いのです。一方、大念寺古墳はその約半分。半分だけれども、畿内の石室と似ているところがあるのです。畿内のものは天井が平らで、壁が直角に上がるのです。大念寺古墳も平らな天井に直角に上がる壁。大きさはほぼ二分の一。墳丘の大きさは違うけれども、石室は結構な大きさです。

もっと面白いことがありますので、五条野丸山古墳の家形石棺を見てみましょう。これは全国二位、三位なのです。この一号棺が欽明天皇、二号棺はお后の堅塩媛《きたしひめ》（蘇我稲目の娘）が葬られていると言われています。全国の古墳で、この一号、二号は全国三位と二位です。では全国一位はどこなのか、出雲の大念寺古墳の石棺です（図12）。天皇を超えるような大きな石棺を造っているのです。石棺のタイプも畿内の影響を受けています。ただ、一方で九州の影響も受けているハイブリッドの石棺です。ここに畿内と出雲の関係が垣間見えます。

大念寺古墳の被葬者像を考えるために重要なのは、『出雲国風土記』神戸《かんど》郡条の日置《へき》郷の郷名由来記事です。大念寺古墳は神戸郡の日置郷に造られています。ずばり風土記には以下のようなことが書いてあるのです。「欽明天皇の時代に、日置伴部等が派遣され、宿停《とど》まって政《まつりごと》を執り行ったから、ここは日置郷と言う」という伝承です。

この記事は古代史研究者が昔から注目しています。すなわち、日置伴部たちが、欽明天皇の時代に設置されたヤマト王権の支配拠点である屯倉に派遣されたことを物語るという説があるのです。また、実際に考古学的に、屯倉が置かれた可能性がある遺跡もあるのです。

これは私の推論なのですが、出雲西部の最高首長墳である大念寺古墳が日置郷に造られている。なおかつ、時代的には欽明天皇の時代です。さらに、欽明天皇のお墓を凌ぐ、畿内の影響を受けた石棺が採用されている考古学的な事実をどう考えるか。

屯倉に派遣された日置伴部たちは、大念寺古墳の被葬者に参与した王権の派遣的な人物であった可能性も考えたらどうかと思うのです。そして、屯倉に派遣されただけではなくて、地元の大念寺古墳の被葬者と何らかの関係があった。

すなわち、大念寺古墳の被葬者と日置伴部は何をしていたのか。そして地域の有力豪族は出雲西部で具体的に何をしていたのか。それを考えてみたいと思います。結論を先に言うと、出雲西部で、池や溝を作っている、開発をしている可能性があります。

まず、屯倉の関連を示す遺跡というのが、三田谷《さんただに》Ⅰ遺跡です。恐らく屯倉を示す御田ということで呼ばれていたのではないかと思います。つまり、昔は御田谷《みただに》と呼称されていたのかもしれません。

この遺跡からは、奈良時代の土器で、三田と書かれている土器が出ています。そういうことで、この三田谷Ⅰ遺跡というのは屯倉ではないかと言われています。また、白枝本郷遺跡からは六世紀の溝から馬の骨が見つかっています。ちょうど六世紀になると、馬や牛を使った開発が行われているという説があります。その痕跡を示す遺跡が見つかったり、築山遺跡では、実際に六世紀に遡りそうな溝が見つかっているのです。

今回は、この溝にではなくて、池のほうに注目したいと思います。『出雲国風土記』神戸郡条の古志郷というところと滑狭《なめさ》郷というところに、合わせて四つの池が作られている記事があります。

『出雲国風土記』神戸郡条古志郷の郷名由来記事は、注目されています。イザナミの時代、多分、大昔にという意味ではないかと言われています。「イザナミの時代に、日淵川の水を引いて池を作った際に、古志国《こしのくに》（北陸）の人々がやってきて、堤を築いて居住したことに由来している」。池を作って、古志の人が住んだから古志郷と言う伝承があるのです。その池と堤はどこなのことかというのがキーになってきます。

『出雲国風土記』の中には、一一六の池や堤が記されているのですが、池のことを整然と記しているのは、この神戸郡の記事だけです。ランダムに池を羅列している郡が多いのに、ここだけわざわざ東から西に向かって、説明しています。

大念寺古墳や欽明天皇の時代に造られた横穴式石室、山の斜面を掘り抜いて造る横穴墓のそばには池が作られています。この中で、発掘調査が行われているのが、宇加池《うかいけ》比定地です。

では、これらの池は、いつごろ作られたかという問題に迫ります。その鍵を握るのが大念寺古墳なのです。古墳は九二メートルのお墓で、前方後円墳です。まず、石室を造ります。石室を造ったあとに土を盛って、前方後円墳の形にしていくのです。前方後円墳の断面は、黒色と黄色の互層になっています。実はこの黒の部分は、石見の三瓶山に由来する二〇数キロ離れたところの火山灰と、海水に由来するにがりを混ぜて突き固めているのです。そして、黄色い粘土を固めて互層積みということをするのです。これは石室の天井に水が染み込まないぐらいしっかりとしている防湿の版築技法です。これを評価した大阪大学の都出比呂志さんが、「このような技術があるなら、六世紀、それより遡ってでも、池ぐらい作っているのではないか」ということ指摘されているのです。

先ほど、『出雲国風土記』に出てきた鍵を握っている池の話ですが、これが宇加池の比定地になっている、今は宇賀池と呼ばれている池です。この堤の跡は、発掘調査されているのです。

結論だけ言いますと、その時代の古墳の盛土の積み方、池の堤の積み方というのは、要は黒色と黄色の粘土を交互にして、突き固めているのです。土木技術というのは、例えば六世紀に開発、編み出された技術であっても、七世紀、八世紀に使われるときがあります。ですから、これは一概に六世紀の技法を単に使っていて、八世紀に作った池ではないかという説もあるのですが、少なくとも六世紀に接点はあるのです。これを評価したほうが私は良いのではないかと思います。

もう一つ、古志の人々が池を作っています。古志の人々が出雲に来た証拠はあるのか?。実は、六世紀の後半から七世紀代にかけて爆発的に造られる出雲西部と能登半島珠洲市の横穴墓に接点があるのです。北陸は古志国と言われていますが、横穴墓で、一番似ているのが、出雲の西部と北陸の珠洲市、この辺りのものが一番似ているという説があります。形を比べてみると、これは非常に似ており、さらに形が似ているだけではないのです。造るときの痕跡が非常に似ています。痕跡が肋骨のように見えており、これはショベルのような道具で天井を掻くのです。掻くと、肋骨のような模様ができるのです。出雲西部に古志の人々が来たかどうかは分かりません。出雲の人が行っているかもしれません。そういう両者の接点が見えるのです。こういうことを考えると、『出雲国風土記』の話と古墳資料は響きあってきます。

## 四、まとめ

まとめに入っていきたいと思います。四つの点を指摘します。①六世紀、ヤマト王権は朝鮮半島への外政や気候変動に伴う国家戦略として、出雲を軍事・交通・開発の拠点とした。②六世紀前半、継体天皇の時代に、出雲の開発と東西出雲成立の先駆的な画期があった。③六世紀後半、継体天皇の政権運営を継承し、発展させた欽明天皇の時代に、東西出雲が成立した。④東西出雲の成立とは、出雲という地域に二つの戦略拠点をデザインした、継体・欽明朝におけるヤマト王権の政策であった。

それをまとめたのが、六世紀のヤマト王権戦略特区と題した地図になります（図2）。この戦略特区の考え方は、以前から色々な研究者が考えています。白石太一郎さんや広瀬和雄さんなどです。広瀬さんによりますと、先ほど私が百メートル級の前方後円墳は東のほうに集中しているとお話しました。これについては、「朝鮮半島に攻め込むための兵員を確保するために、東の人たちと結びついたのだ」という説を唱えられておりますし、一方、九州の人たちについては、「朝鮮半島の最前線に当たるので、この最前線基地、それを設置するために九州北部の人や壱岐の島の豪族とつながっているのではないか」ということを唱えられました。

それから、もう一つは、この山陽側や山陰側、西日本全体としては、こういうことを唱えられています。「交通路の確保だったのだろう」と。出雲の東西というのは、もちろん軍事・交通という意味合いがあったのは間違いないと思います。しかし、付け加えるならば、やはり画期として新たな開発を行っているのです。開発をするためにヤマト王権が戦略的に西と東をデザインして、そこに拠点を作ったと考えてみてはどうでしょうか。

ヤマト王権は、もちろん各地とつながります。出雲とつながったり、九州とつながったり、関東とつながったりします。その一方で、出雲や他地域というのは独自の交通網を持っているのです。ヤマト王権の言いなりになっているだけではないです。昔の人もしたたかですから。ヤマト王権と関与をしながら、九州とつながったり、吉備とつながったり、関東の人とつながったり、北陸の人とつながったり、そういう多面的な交流をしているのです。今日は、北陸のお話しかしませんでしたが、色々な研究が進んでいて、九州・吉備や関東など、そういうつながりも見えてきています。

最後に出雲のお話でまとめたいと思います。出雲新墾《いずもにいはり》、新しい開拓地はどこか。**図13**に

『出雲国風土記』に記されている池や堤（⬡）の位置を落としています。

池や堤は、どこに集中していますか。一つは、ため池が集中する島根半島。そして、もう一つは出雲の西部。西部勢力というのは、欽明朝に突然出てきましたよね。しかし、薄井原古墳や上島古墳は継体天皇の時代でしたよね。それをまとめるお話です。

新たな開発、出雲の新墾は島根半島と出雲西部（出雲平野）にあったと考えています。一つ、継体朝に薄井原古墳と恵曇陂の接点、『出雲国風土記』と考古学の接点です。そしてもう一つ、上島古墳と屯田と県の話の接点。ここに継体天皇の時代に、東西にそれぞれ開発のテコ入れをしている先駆的な画期、東西出雲成立の先駆的な画期があります。

そして欽明朝は出雲西部です。それを示すのが、大念寺古墳と日置伴部らの伝承。そして、もう一つは、神戸郡の巨石墳と宇加池を作る伝承。そういうところが、こ

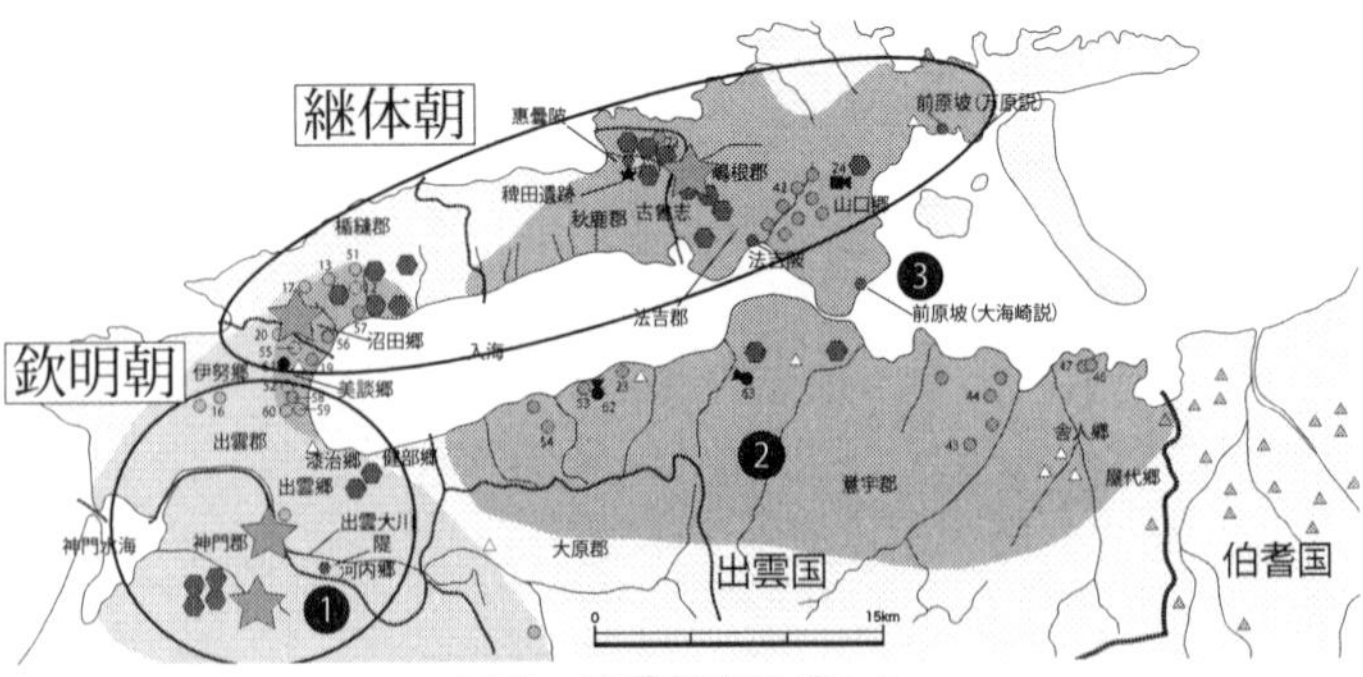

図13　出雲新墾はどこか

れら『出雲国風土記』に記された伝承と考古学の接点を物語っているのではないかなと思うわけです。ヤマト王権が関与した出雲の開発の一端はそこに表れていると思います。

時間がもうまいりました。ちょうどきりが良いと思います。ご清聴いただきまして、ありがとうございました。

【第2部】古代出雲の地域間交流

# 古代出雲の水上交通

## ―日本海地域という視点から読み解く―

吉永壮志

# はじめに

みなさん、こんにちは。島根県古代文化センターの吉永といいます。今回は西日本海地域に着目して、みなさんに古代の水上交通についてお話させていただきます。

さて、古代の交通というと、陸上交通のイメージが強いのではないかと思います。実際、古代の陸路は立派で、出雲市にある杉沢遺跡では、幅が大体九メートルぐらいある古代山陰道の跡がみつかっています。現在の一車線は、幅が約三メートルなので、杉沢遺跡でみつかった古代道は三車線道路くらいの道幅といえます。今の山陰自動車道は対面通行の二車線道路なので、古代のほうがある意味立派だったといえるかもしれません。

では、一方、古代の水上交通はどうだったのか。今日は、その水上交通の一端を紹介できたらと思います。

古代の日本は水上交通に対し消極的であったとよくいわれます。それはなぜかというと、税物などのモノの運搬に関して、問題が多かったからだといわれます。荒井秀規さんの「古代史料にみる海路と船」（『日本古代の運河と水上交通』八木書店、二〇一五年）によると、七つくらい問題点が挙げられ、一つは船や漕ぎ手の確保の問題。水上交通では船が必要ですが、その船をつくるには大きな木がたくさん必要となります。そして、船があるだけではだめで、船を動かすための漕ぎ手がいなければなりません。しかも、水上交通に慣れた、プロフェッショナルな漕ぎ手が必要です。さらに、船を停めるための場所が必要で、それに加えて、常にメンテナンスしなければならず、船を維持するのに費用がたくさんかかるということ。これが一つ目の問題点です。

二つ目は、遭難してしまう可能性があること。船が転覆すると、船はもちろんのこと、船に積んでいる荷物も全てだめになってしまいます。三つ目は、風雨による水損・湿損の可能性があることです。雨で濡れたり、波をかぶったりして、船荷がだめになってしまいます。四つ目は、天候や潮の流れによって、輸送が難しくなることがあるということです。輸送の遅れが生じやすいというわけです。五つ目は、海賊による被害で、十世紀前半に承平天慶《じょうへいてんぎょう》の乱が起こりますが、西日本で藤原純友《ふじわらのすみとも》という人物が海賊行為をして大変な状態

**吉永壮志**（よしなが・たけし）
島根県古代文化センター主任研究員
1980年、山口県生まれ。大阪大学大学院文学研究科博士後期課程単位取得退学。博士（文学）。専門は日本古代史。主な著作に「古代若狭と膳臣」（『続日本紀と古代社会』）、「留守所目代に関する基礎的考察」（『古代文化』68-2）、「古代西日本海地域の水上交通」（『ヒストリア』271）など。

になります。

六つ目、これは陸上交通と比較してですが、陸上交通の場合は、都まで税物を運ぶことで、律令国家を体感できるのです。平城京や平安京に行く途中、都まで通じる直線で幅の広い道路を通ることで、「律令国家はすごいな」と税物を運ぶ者が思うのです。海で行くと、そういうことは実感できません。七つ目、陸上交通で税物を運ぶ場合は、沿道の人たち自身は都まで税物を運ばなくても、税物を運ぶ人をみて律令国家を認識するわけです。「税物というのは都に納めるものだ」、「律令国家というのはすごい国家だ」と理解する、そういった面があるのです。船で運ぶと、税物を運ぶ人々をみることができないので、そのような認識は生まれにくいといえます。

ですから、「古代の日本、律令国家は水上交通には消極的だった」といわれることが多いのです。本当にそうなのか。とりわけ、「出雲を含む西日本海地域、山陰は水上交通が未発達だ」といわれます。これはたしかなのか、検討してみたいと思います。

ちなみに、「西日本海地域」とは、東は北陸道の若狭・越前敦賀《つるが》から西は山陰道の石見まで、現在の福井県西部から島根県までの日本海に面する地域を指すと今回は定義してお話したいと思います。

先ほど、「西日本海地域は水上交通が未発達だった」と理解されることが多いといいましたが、しかしながら、水上交通をうかがわせる伝承があります。それがツヌガアラシト伝承

（『日本書紀』垂仁《すいにん》二年是歳条）と神功《じんぐう》皇后の熊襲《くまそ》征討伝承（『日本書紀』仲哀《ちゅうあい》二年六月庚寅条・七月乙卯条）です。

ツヌガアラシト伝承とは、おおよそ次のようなお話です。崇神《すじん》天皇の時代に、額に角のある人が船に乗ってやって来て、越国《こし》笥飯《けひ》浦、現在の福井県敦賀市に到着して泊まりました。そこで、その額に角のある人物に対し、「どこの国の人だ」と尋ねると、意富加羅《おほから》という朝鮮半島の南部にあった国の王子で、名前は都怒我阿羅斯等《つぬがあらしと》だと答え、さらに日本には立派な王がいると聞いたので、帰化しようと思うといいます。

都怒我阿羅斯等が笥飯浦に到着するまで、まず穴門《あなと》、今の山口県西部に着き、伊都都比古《いつつひこ》に会って、その伊都都比古が「私が王で、ほかに王はいないので、よそに行ってはいけない」というけれども、伊都都比古の振る舞いから王とは思えず、都怒我阿羅斯等は穴門を去ります。そして、多くの島や浦を通過しながら、日本海を東に進み出雲に到着し、その出雲を経て越国笥飯浦にやって来たとあります。

このツヌガアラシト伝承は、意富加羅から穴門に着き、出雲を経て、そして越国笥飯浦に到着したというお話です。当然、船で来たと書かれているので、これは西日本海地域における水上交通を示す伝承だといえます。

次に、神功皇后の熊襲征討伝承を紹介します。

神功皇后が、仲哀天皇とともに越前角鹿《つぬが》、先ほどのツヌガアラシト伝承と同じ現在の福井県敦賀市にいたのですが、天皇は狩り遊びをするため、紀伊、現在の和歌山県に向かいます。そのあと、熊襲が謀反を起こしたことを知り、天皇は紀伊から穴門（長門）に行きます。

一方、皇后は、越前角鹿から渟田門《ぬたのみなと》を経て、さらに天皇のいる長門の豊浦津《とゆら》に向かったとあります。さて、角鹿から豊浦津までの間にある渟田門ですが、ここがどこかはよくわかっていません。ただ、皇后が渟田門において食事をしたとき、船のほとりに鯛がたくさん集まってきたので、皇后が酒を注ぐと、鯛は酔って浮かんできたと記されています。

この話から、角鹿から長門までの西日本海地域で、しかも酔ったような鯛——これは赤色を帯びた鯛のことでしょう——が捕れることで有名なところが渟田門ではないかと考えられます。もちろん、日本海ならどこでも鯛が捕れるかもしれませんが、古代から有名なのは、若狭の鯛です。若狭の鯛は税物として都にたくさん納められていたことが平城宮跡や京跡でみつかる荷札木簡から判明しています。今でも、若狭の鯛は高級品として扱われていますので、渟田門は若狭にあった可能性が高いのではないかと私は考えています。

つまり、神功皇后は船に乗って角鹿から（若狭の）渟田門を通過し、長門に行ったことになり、これも西日本海地域で水上交通が行われていたことを示唆する伝承です。

もちろん、伝承は作り話だと思われる方もいらっしゃるかと思います。たしかにそういった面がありますが、さもありなんと思ってもらえないと伝承として成り立たないともいえます。『日本書紀』は養老《ようろう》四年、西暦でいうと七二〇年に完成した日本最初の正史ですが、その『日本書紀』に収められているツヌガアラシト伝承や神功皇后の熊襲征討伝承、そしてその両伝承にみえる西日本海地域の水上交通も「これはあり得るな」と思えるからこそ、伝承となり得たのではないでしょうか。

また、西日本海地域の水上交通をうかがわせる公文書も残っています。それが「出雲国計会帳」（『大日本古文書』一―五八六）です。これは、出雲が受け取った公文書や出雲が発行した公文書の目録で、天平《てんぴょう》六年、西暦七三四年のものですが、その記述から、筑紫の大宰府、現在の福岡県から出雲にもたらされた文書一通の存在が知られます。

どういう内容の文書かというと、越前に向かう筑紫府の梶師《かじとり》で従八位の生部勝麻呂《みぶべのすぐりまろ》ら合わせて四人についてのもので、七月二日に発行され、十三日に出雲に届いています。筑紫から越前、現在の福井県に向かう梶師がいて、それを知らせる文書を出雲で受け取ったのです。梶師は船乗りで、その梶師らが大宰府から越前に向かうということは、恐らく船で日本海を移動したのでしょう。

ここまで、伝承や公文書の目録から、古代の西日本海地域における水上交通の可能性について述べてきました。次に出雲を含む西日本海地域の古代の水上交通の実態を紹介したいと思いますが、その際、三つの視点を重視します。東アジア地域との海を通じての交流である「北の海の道」と、「東西の海の道」である日本海交通、そして「南への道」である河川交通です。この三つの視点を踏まえながら水上交通の実態、さらには古代の西日本海地域について考えてみたいと思います。

## 一、『延喜式』の海路規定について

古代の西日本海地域の水上交通が未発達だといわれる根拠の一つが、『延喜式《えんぎしき》』の規定です。『延喜式』は平安時代の十世紀に編纂、施行された律令格の施行細則で、全五〇巻からなり、それがほぼ完全な形で現在に伝わっています。

この『延喜式』には水上交通の規定も載っており、それはヒトの移動とモノの移動に大きく分類できます。海路でのヒトの移動が規定されている地域は、山陽道や南海道といった瀬戸内海地域とそれにつながる西海道、つまり九州です。

一方、海路でのモノの移動、主に都への税物の運搬ですが、これはヒトの移動と同様、瀬戸内海地域とそれにつながる九州に加え、北陸道、つまり東日本海地域でも規定されています。それらの地域を除くと、『延喜式』にはヒトの移動もモノの移動も水上交通の規定がほとんどみえず、それゆえ古代の西日本海地域の水上交通は未発達だといわれるのです。

では、実際はどうなのか検討していきます。モノの輸送を『延喜式』からみていきます。『延喜式』主計上には都までのモノの輸送日数に海路の日数が記されている国があります。

その国々を挙げれば、東山道の出羽、北陸道の越前・加賀・能登・越中・越後・佐渡、山陽道の播磨・備前・備中・備後・安芸・長門、南海道の紀伊・淡路・阿波・讃岐・伊予・土佐、西海道の大宰府・壱岐・対馬で、東日本海地域と瀬戸内海地域が多いのは明らかです。西海道は壱岐・対馬といった島を除くと、大宰府しかみえませんが、これは西海道諸国の場合、大宰府まで陸路でモノを運び、大宰府に集めてから海路で都に運ぶためです。では、西海道諸国がどのようなモノを都に運んでいるのか、『延喜式』主税上にみえる調・庸・中男作物といった税の品目から探ると、綿（真綿）などの嵩張るものが中心で、ほかは米や塩といった重いものです。西海道の国々以外でも、『延喜式』に海路規定のある山陽道諸国や南海道諸国は米や塩を税として都に納め、北陸道諸国も嵩張る綿や重い米を納めています。水上交通を利用して嵩張るものや重いものを運んだのだといえます。

ただし、嵩張る綿、重い米や塩などを税として負担したのは東日本海地域や瀬戸内海地域、さらに瀬戸内海につながる九州だけなのかというと、そうではなく、『延喜式』主税上をみると、山陰道諸国や京に近い国々も負担しています。京に近い国は陸路で重いものを運んでもさほど負担はないかもしれませんが、山陰道諸国、特に出雲以西の国々は負担が大きいはずです。そうであれば、重いものや嵩張るものは、陸路で運んだと考えるより、海路を利用したと考えたほうがよいのではないでしょうか。

『延喜式』主税上の税目としてみえるだけでなく、実際に嵩張る綿や重い米を山陰道諸国が都に運んだ例も確認できます。

その一つが天平宝字《てんぴょうほうじ》三年から四年、西暦でいうと七五九年から七六〇年の綿の納入（「雑物請用帳」、『大日本古文書』四―四五九）で、海路規定のある西海道諸国だけではなく、山陰道の国々もみえます。例えば但馬（現在の兵庫県北部）や因幡（現在の鳥取県東部）、出雲や石見から綿が納められています。これらの国々は、いずれも海に面しています。海に面している国々が嵩張る綿を運ぶとすれば、水上交通が便利です。ですから、『延喜式』には載っていなくても、水上交通を利用した可能性は十分にあるといえます。

また、平安時代の元慶《がんぎょう》五年、西暦八八一年の奈良の興福寺への稲穀の納入（『日本三代実録』同年九月二十六日条）も、山陽道や南海道といった瀬戸内海地域の国々以外に出雲がみえます。出雲は海に面していますし、稲穀は重いものなので、やはり船で輸送した可能性が高いのではないかと思います。

水上交通を利用したということが明確にわかるのは、平安時代後期の万寿《まんじゅ》元年、西暦一〇二四年の『小右記《しょうゆうき》』の記事です。『小右記』は右大臣にまで昇った藤原実資《ふじわらのさねすけ》という貴族の日記ですが、その十月二十七日条に伯耆（現在の鳥取県西部）から米三〇〇石、簾三〇枚などを若狭経由で、京に運ぶ予定であると記されています。そのなかに「勝載船、若狭国に到着するも、未だ運上せず」とあり、伯耆から若狭まで重い米などを船で運搬したことがわかります。『延喜式』主税上の諸国運漕功賃条を参考にすると、若狭からは琵琶湖まで陸路、琵琶湖からは琵琶湖水運を利用して都に運ぶのではないかと思われますが、いずれにしてもこの記事からは、古代の西日本海地域で水上交通が利用され、都への水上交通の玄関口として若狭が機能していたといえます。

ちなみに、鎌倉時代初期の説話集『古事談《こじだん》』に収められている園城寺の鐘の話からも西日本海地域の水上交通をうかがうことができます。近江の粟津《あわづ》、今の滋賀県大津市の人物が鐘を鋳造するための鉄を求め、船で出雲に向かうという説話です。鉄のような重いものを運ぶのに備え、恐らく若狭から出雲に船で向かったのだと思います。ただ、大風が突然起こり、船が波をかぶる状態で、結局、出雲に行かずに龍宮で王を助けて鐘を得るという話に落着するのですが、説話といえども若狭と出雲を結ぶ水上交通の存在が知られます。

続いて西日本海地域にある島国の隠岐についても少しお話したいと思います。

出雲に千酌駅家《うまや》が存在したことは『出雲国風土記』などの記述からわかります。島根半島の日本海側に千酌浜があり、そこに駅が置かれました。この千酌駅家は出雲と隠岐を結ぶ水上交通の駅といえます。

また、六国史の一つである『日本後紀《にほんこうき》』延暦《えんりゃく》十八年（七九九）五月丙辰（十三日）条は、遣渤海使《けんぼっかいし》であった人物の発言を載せており、渤海からの帰国途中、暗くどこにいるかわからなかったが、遠くに光がみえて、そこに向かったところ、隠岐に到着したとあります。しかも、この発言には続きがあり、商賈《しょうこ》の輩《ともがら》、商売人が海中を漂っていると光があがり、そのお陰で事なきを得るということで、隠岐が水上交通における灯台的役割を果たしていたこと、隠岐周辺を商売人が船で往来していたことがわかります。

商売人が隠岐に向かうのは、『別聚符宣抄《べっしゅうふせんしょう》』天慶九年（九四六）三月十三日付太政官符が引用する隠岐が提出した解《げ》、上申文書からもうかがえます。そのなかに「或は高家の贄に備ふと称し、或は私貿易たりと号して、来往絶へず」とあり、都に住む皇族や貴族に納める税物のため、あるいは貿易のため、隠岐にやって来ることが盛んであったことが知られます。また、「求むるは海物に在り」ともみえ、今でも隠岐はアワビが有名ですので、そういった海産物を求めてやって来たのであろうと思います。

遣渤海使が帰路に寄ったように、「北の海の道」として隠岐は重要な役割を果たしたのみならず、都と隠岐を往来する商売人がいたように、「東西の海の道」としての日本海交通においても隠岐は大きな役割を担ったといえます。

ほかに水上交通で問題になるのは造船技術です。船をつくるには高度な技術が必要ですが、奈良時代の天平宝字三年、西暦七五九年に北陸道や山陰道、山陽道や南海道に対し造船命令が出されています（『続日本紀《しょくにほんぎ》』同年九月壬午（十九日）条）。『延喜式』に海路規定のある北陸道や山陽道、南海道だけでなく、山陰道にも船をつくりなさいと命令されているのです。ということは、造船技術をもつ人々が山陰にも存在したのだと思われます。技術を有する人々がいるということは、そこに船があるはずで、やはり西日本海地域において水上交通が盛んに行われたのではないかと考えられます。『延喜式』には西日本海地域の海路規定はほとんどみえません。しかしながら、実態として山陰から京へのモノの輸送には陸路だけではなく、海路、水上交通が利用されていたということが、ここまで述べてきた事例からわかると思います。

## 二、古代出雲における水上交通

さて、次に『出雲国風土記』からうかがえる水上交通をみていきたいと思いますが、その前に『出雲国風土記』がどういうものかを紹介します。

和銅《わどう》六年、西暦七一三年、風土記の編纂命令が出されます。どういう命令かというと、郡・郷名をよい名に改めること、郡内の銀や銅、彩色、草木や鳥、動物、魚、虫などの種類、土地の肥え具合、山や川や野などの名の由来、お年寄りが伝える昔話や珍しい話を記して報告しなさいというものです。これは全国にあてて出された命令で、全国約六〇ヵ国で風土記がつくられたはずですが、風土記が現存しているのは、残念ながら五つしかありません。それが常陸、出雲、播磨、豊後、肥前の五風土記で、そのなかでもほぼ完全な形で伝わっているのが『出雲国風土記』なのです。

その『出雲国風土記』ですが、編纂命令から二〇年後の天平五年、西暦七三三年に完成しました。文字数が約一七〇〇〇字もある、奈良時代の出雲の地誌、国勢調査報告書として貴重なものです。

それでは、『出雲国風土記』から出雲の水上交通の様子を探っていきましょう。『出雲国風土記』の交通関連記事を**表1**（以下、本文中の（　）内の算用数字は**表1**の行数欄などの数字に対応）にまとめたので、それをみながら話を進めていきます。

島根半島には船を停泊させることのできる久毛等浦（311〜312）、質簡比浦（314〜315）、手結浦（347〜348）、宇礼保浦（617）の四つの浦があることが記されています。また、南北に船が往来する衣島（323〜324）、稲積島（325〜326）、蘇島（330〜331）があり、出雲と隠岐を結ぶ駅がある千酌浜（326〜327）も島根半島に存在します（**図1**）。

さらに、渡船についても『出雲国風土記』にみえます。一つは先に述べた千酌浜（326〜327）で、これは隠岐に行くための渡船です。ほかに朝酌渡（277〜278・957）で、これは『出雲国風土記』で「入海」と呼ばれる中海と宍道湖を結ぶ現在の大橋川を南北に渡す船です。今も大橋川には矢田の渡しがあります。あとは出雲大川（593〜603・980〜982）と『出雲国風土記』ではその上流を指す斐伊河（972）を渡る船があったようです。出雲大川とは現在の斐伊川のことで、今は宍道湖に流れていますが、奈良時代は出雲大社近くまで広がっていた神門水海に流れ、そこから日本海に通じていました。もう一つ、神門郡家《ぐうけ》の近くを通る河で、今の神戸川にあたる神門川（982〜983）も同じく神門水海に流れる川ですが、この川にも渡船がありました（**図2**）。

千酌浜の駅に置かれた渡船を除くと、いずれも渡河用の船ですが、渡河目的以外の河川交通も『出雲国風土記』では確認できます。出雲大川（593～603）は伯耆と出雲の堺にある鳥上山を水源とし、仁多・大原・飯石・出雲・神門の五郡を通過する長い川で、「五郡の百姓は、河に便りて居り」とあるように、五郡の人々は斐伊川を利用して暮らしていることがわかります。その利用の一つとして河川交通が想

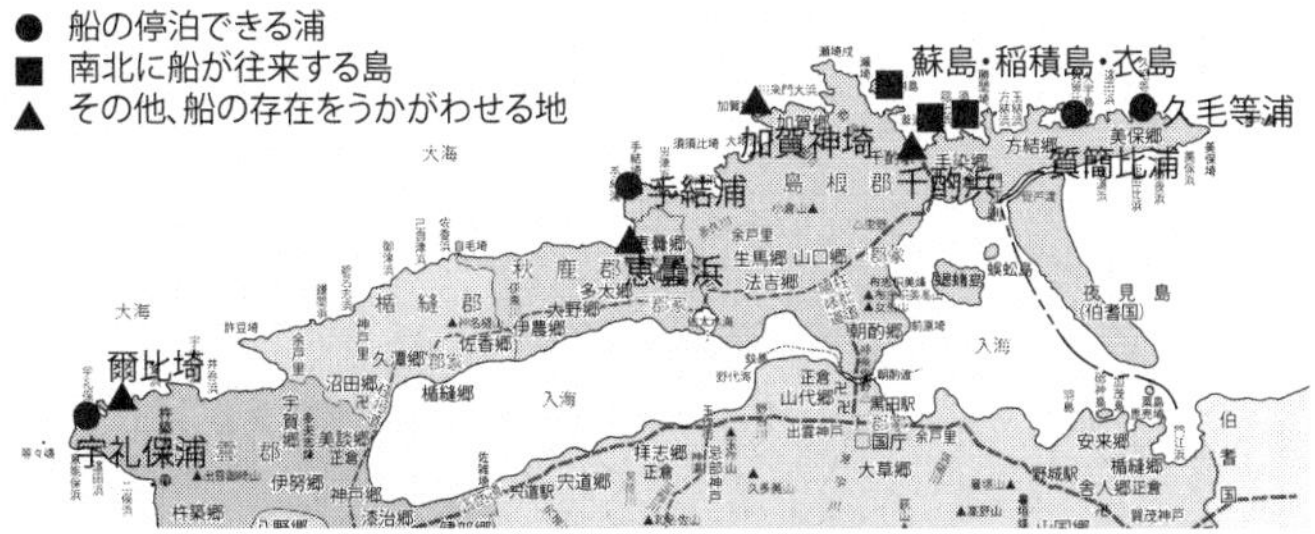


図１　『出雲国風土記』にみえる島根半島での船の利用地

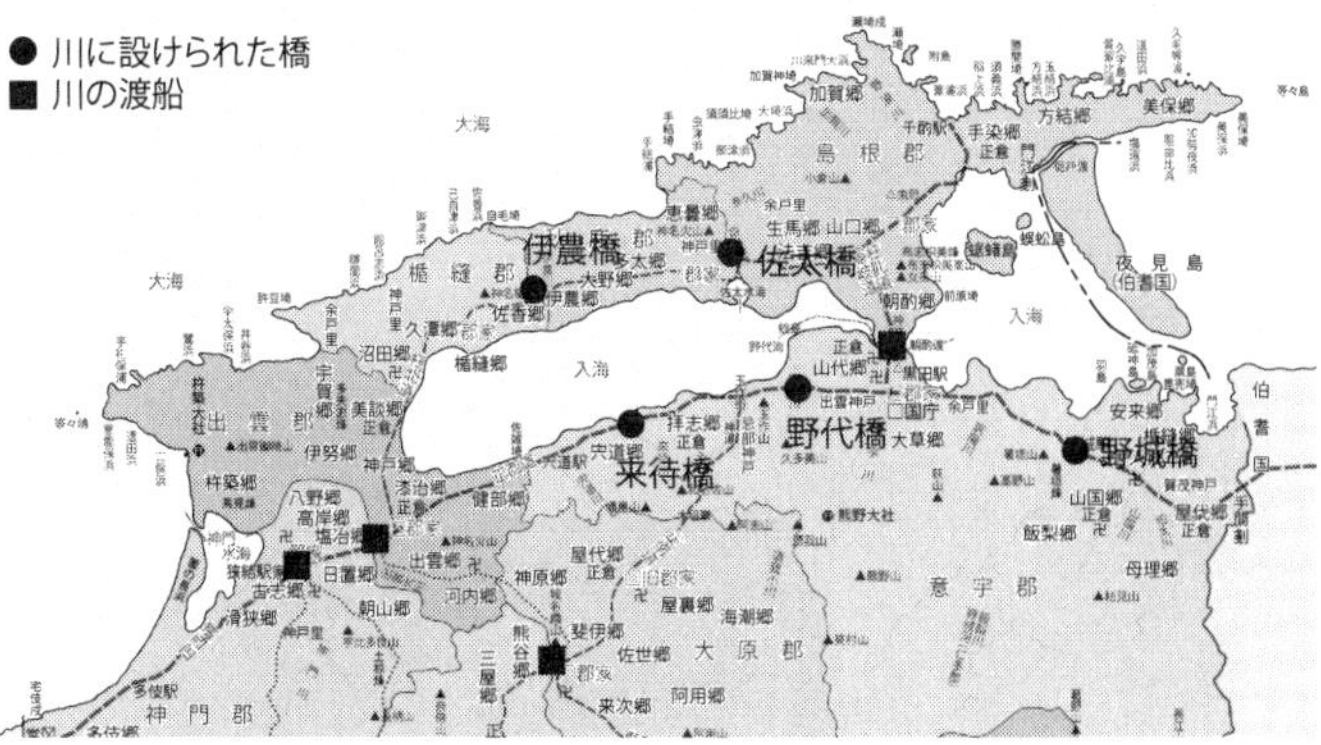


図２　『出雲国風土記』にみえる橋と川の渡船

表1　『出雲国風土記』にみる津・渡・船・交通など

| 郡など | 郷など | 行数 | 内容 | 備考 |
|---|---|---|---|---|
| 意宇郡 | ― | 50～57 | 栲衾志羅紀の三埼の国の余を引き来縫ったという国引き神話 | 朝鮮半島との関係 |
| | ― | 57～62 | 北門の佐伎の国の余を引き来つないだという国引き神話 | 隠岐との関係 |
| | ― | 62～68 | 北門の良波の国の余を引き縫ったという国引き神話 | 隠岐との関係 |
| | ― | 68～74 | 高志の都都の三埼の国の余を引き来縫ったという国引き神話 | 北陸との関係 |
| | 母理郷 | 77～81 | 天下造らしし大神大穴持命が越の八口を平定して還ってきた | 北陸との関係 |
| | 拝志郷 | 117～120 | 天下造らしし大神命が越の八口を平定しようと出かけた | 北陸との関係 |
| | 野城駅 | 127～128 | 意宇郡家の正東20里80歩にある駅 | 985 |
| | 黒田駅 | 129～131 | 意宇郡家と同処にある駅、かつては意宇郡家の西北２里にあった | 986 |
| | 宍道駅 | 132 | 意宇郡家の正西30里にある駅 | 988 |
| | 賀茂神戸 | 137～139 | 阿遅須枳高日子命が葛城の賀茂社に坐す | 葛城との関係 |
| | 忌部神戸 | 140～145 | 国造が朝廷に参向する際、御沐の忌玉をつくる<br>道路につらなり、海中を洲に沿って、集い市を成して宴をする | |
| | 暑垣山 | 172 | 郡家の正東（20里）80歩のところにあり、烽が存在 | 996 |
| | 蚊島 | 202～204 | 以西の浜に通道あり | 山陰道 |
| | 手間剗 | 204～205 | 国の東堺にある剗 | |
| 島根郡 | 美保郷 | 236～239 | 天下造らしし大神命が高志国にいる神の孫の奴奈宜波比売命と結ばれた | 北陸との関係 |
| | 千酌駅 | 248～250 | 島根郡家の東北19里180歩にある駅 | 987 |
| | 布自枳美高山 | 253～254 | 島根郡家の正南７里210歩のところにあり、烽が存在 | 995 |
| | 朝酌促戸 | 273～277 | 東に通道、中央に渡があり、市人が集って廛をなす | |
| | 朝酌渡 | 277～278 | 国庁から海辺に通う道で、広さ80歩ばかり渡船１艘あり（957） | 353～354・957 |

| 郡など | 郷など | 行数 | 内容 | 備考 |
|---|---|---|---|---|
| 島根郡 | 邑美冷水 | 280～282 | 老若男女が集って宴をする | |
| | 前原埼 | 282～287 | 男女が叢がって宴をする | |
| | 蜛蝫島 | 287～291 | 牧が存在 | |
| | 蜈蚣島 | 291～298 | 島の北の淵が島里で、津から2里100歩のところにある<br>伯耆国の夜見島まで馬に乗って往来 | |
| | 戸江剗 | 301～302 | 島根郡家の正東20里180歩で、夜見島に向かうところにある | |
| | 栗江埼 | 303 | 促戸渡216歩で、夜見島に向かうところにある | |
| | 久毛等浦 | 311～312 | 広さ100歩で、10船が停泊できる | |
| | 質簡比浦 | 314～315 | 広さ220歩で、30船が停泊できる | |
| | 衣島 | 323～324 | 中を鑿って、南北を船で往来 | |
| | 稲積島 | 325～326 | 中を鑿って、南北を船で往来 | |
| | 千酌浜 | 326～327 | 広さ１里60歩で、南に駅家があり、隠岐国に度る津である<br>度船あり（959） | 355・959 |
| | 蘇島 | 330～331 | 中を鑿って、南北を船で往来 | |
| | 瀬埼 | 332～333 | 戍あり | 998 |
| | 加賀神埼 | 336～339 | 窟のあたりを通るときに密かに行くと、神が現れて飄風を起こして船を転覆させるという伝承 | |
| | 手結浦 | 347～348 | 広さ42歩で、２船ほど停泊できる | |
| | 佐太橋 | 354 | 秋鹿郡との堺にあり佐太川に架かり、長さ3丈、広さ１丈の橋（960～961） | 434・960～961 |
| 秋鹿郡 | 大野津社 | 386 | 神祇官社のひとつ | |
| | 佐太水海 | 404～406 | 周長７里で、入海に通じており、その潮の長さ150歩、広さ10歩 | |
| | 恵曇浜 | 419～430 | 浦の西の磯から楯縫郡と堺の自毛崎までの間は、壁が険しく風が静かであっても往来する船を停泊させるところがない | |
| | 伊農橋 | 435 | 楯縫郡との堺にあり | |
| 楯縫郡 | 御津社 | 467 | 神祇官社のひとつ | |
| | 御津島 | 494 | 紫菜が生息 | |
| | 御津浜 | 494～495 | 広さ38歩 | |

| 郡など | 郷など | 行数 | 内容 | 備考 |
|---|---|---|---|---|
| 出雲郡 | 出雲大川 | 593～603 | 出雲・神門・飯石・仁多・大原5郡の百姓が利用<br>孟春から季春まで船が往来<br>度50歩で、度船１艘あり（980～982） | 980～982 |
| | 爾比埼 | 615～617 | 長さ１里40歩、広さ20歩で、南側に東西に水門を通して船が往来 | |
| | 宇礼保浦 | 617 | 広さ78歩で、20船ほど停泊できる | |
| | 薗 | 623～626 | 神門水海から大海に通じる潮は長さ3里、広さ120歩 | |
| 神門郡 | 古志郷 | 665～667 | 古志国からやって来て堤を築造した | 北陸からの移住者 |
| | 狭結駅 | 676～677 | 神門郡家と同処にある駅で、古志国の佐与布がやって来て住んだ | 北陸からの移住者<br>989 |
| | 多伎駅 | 678 | 神門郡家の西南19里にある駅 | 989 |
| | 吉栗山 | 694～695 | 神門郡家の西南28里のところにあり、天下造らしし大神の宮材を造る山 | 宮材の運搬 |
| | — | 728～729 | 石見国安農郡との堺の多伎伎山に通じる路に常剗が存在 | |
| | — | 729～730 | 石見国安農郡川相郷に通じる径に「政」があるときに置かれる臨時の剗が存在 | |
| 飯石郡 | — | 797～798 | 備後国恵宗郡との堺の荒鹿坂に通じる径に常剗が存在 | |
| | — | 798～799 | 備後国三次郡との堺の三坂に通じる径に常剗が存在 | |
| | — | 799～801 | 備後国に通じる波多･須佐･志都美径に「政」があるときに置かれる臨時の剗が存在 | |
| 仁多郡 | 三津郷 | 818～830 | 国造が神吉事（神賀詞）奏上のため朝廷に参向するときに水を用いる | |
| | 薬湯 | 862～865 | 男女老少が昼夜限らず、つらなって往来 | |
| | — | 866～867 | 伯耆国日野郡との堺の阿志毘縁山に通じる道に常剗が存在 | |
| | — | 867～868 | 備後国恵宗郡との堺の遊託山に通じる道に常剗が存在 | |
| | — | 868～869 | 備後国恵宗郡との堺にある此市山に通じる道に「政」があるときに置かれる臨時の剗が存在 | |

| 郡など | 郷など | 行数 | 内容 | 備考 |
|---|---|---|---|---|
| 大原郡 | 船岡山 | 930～932 | 大原郡家の東北1里100歩のところにあり、阿波枳閇委奈佐比古命が曳きすえた船とされる | |
| 巻末 | 野城橋 | 954～955 | 飯梨川に架かり、長さ30丈7尺、広さ2丈6尺の橋 | |
| | 十字街 | 955～956 | 国庁・意宇郡家の北にある正西道と枉北道の分岐 | |
| | 野代橋 | 968～969 | 長さ6丈、広さ1丈5尺の橋 | |
| | 玉作街 | 969～970 | 正西道と枉南道の分岐 | |
| | 大原郡家 | 971 | 南西道と東南道の分岐 | |
| | 斐伊河 | 972 | 度25歩で、度船１艘あり | |
| | 来待橋 | 979～980 | 長さ8丈、広さ1丈3尺の橋 | |
| | 神門郡家 | 982～983 | 河（神門川）があり、度25歩で、度船１艘あり | |
| | 意宇軍団 | 991 | 意宇郡家にあり | |
| | 熊谷軍団 | 991～992 | 飯石郡家の東北29里180歩のところにあり | |
| | 神門軍団 | 992～993 | 神門郡家の正東7里のところにあり | |
| | 馬見烽 | 993～994 | 出雲郡家の西北42里240歩のところにあり | |
| | 土椋烽 | 994 | 神門郡家の東南4里のところにあり | |
| | 多夫志烽 | 994～995 | 出雲郡家の北13里40歩のところにあり | |
| | 宅伎戍 | 997 | 神門郡家の西南31里のところにあり | |

［注］

1．行数欄･備考欄などにみえる算用数字は、沖森卓也･佐藤信･矢嶋泉編著『風土記』山川出版社、2016年の「出雲国風土記」に付された行数による

起されます。

それを裏づけるのが、この後に続く「孟春より起めて季春に至るまで、材木を挍べたる船、河の中を沿泝れり」という記載です。雪解け後で水量が豊富な一月から三月にかけて、材木を並べた船=筏船で、川を下っていたとみえるのです。出雲大川を利用して材木を運んでいたことが判明します。

神門川もそうです。神門川の近くに吉栗山（694〜695）がありますが、この吉栗山は「謂はゆる天下造らしし大神の宮材を造る山」とみえるように、天下造らしし大神であるオオクニヌシの宮、つまり杵築大社（現在の出雲大社）を造るための山で、この山の材木を使って杵築大社を造営していると『出雲国風土記』は記しているのです。恐らく吉栗山の近くを流れる神門川を利用して材木を運んだのではないでしょうか。

ほかに河川交通をうかがわせるものとして、河川の近くにある郡家が気になります。神門郡家（982〜983）は、神門川の近くにあり、しかもそこには渡船が存在していて、陸路の拠点である狭結駅（676〜677）も近くにあると『出雲国風土記』にみえます。

大原郡家（971）は内陸部にありますが、そこも斐伊河（972）に近く、渡船が存在すると『出雲国風土記』にあります。郡家は正倉を備えることが多く、そこに米などの税物を収納していきます。河川交通を利用して税物などを運び込み、収納したのではないかと思われます。

ちなみに、『出雲国風土記』には佐太橋（354）、伊農橋（435）、野城橋（954〜955）、野代橋

（968〜969）、来待橋（979〜980）という五つの橋が記載されており、架橋によって渡河の便が図られていることがわかります（図2）。また、先ほど述べたように、渡河目的の船も記されています。ここで注目されるのは、出雲大川や神門川には渡船が設けられ、橋が架けられていないという点です。すでに確認したように、出雲大川や神門川は河川交通が盛んに行われており、そのような場所には橋が架けられていないのです。

一方、河川交通の記載がみられない川には橋が架かっています。「橋が架けられた川は川幅の狭い川なのでは」と思われるかもしれませんが、野城橋（954〜955）は長さが三〇丈七尺、九〇メートルを超えるもので、川幅の広い川にも橋が架かっていたといえます。

他方、出雲大川の上流部分（972）や神門川（982〜983）は、川幅が二五歩、四五メートル弱しかないのに、橋ではなく渡船が設けられています。そのため、単に川幅の広さや狭さで、渡船か橋かが選択されたわけでもなさそうです。

陸上交通において橋は便利ですが、河川交通においては阻害要因になるというのが選択理由ではないかと私は思います。橋があると、船でその橋の下を通過するのは困難を伴います。一方、渡船なら岸に留めておけばよいわけですから、河川交通の邪魔にはなりません。先に述べたように、出雲大川や神門川では河川交通が盛んに行われたと考えられます。そのような河川には橋を架けず、渡船を置くことで水上交通を優先したのでしょう。

『出雲国風土記』の記述から、出雲国内で水上交通が盛んであったことがわかったかと思います。中海と宍道湖を結ぶ現在の大橋川に朝酌渡があったことはすでにお話ししましたが、恐らくそこも橋を架けると内水面交通の邪魔になるため、渡船だったのでしょう。

その朝酌渡（277〜278）は、出雲国庁、意宇郡家の近くにある十字街（955〜956）を北に少し行けば着く渡で、さらに北に進めば出雲と隠岐を結ぶ駅である千酌駅家がある千酌浜（326〜327）に到着するという交通上重要な場所といえます。そのような要衝の地であるからこそ、『出雲国風土記』が記すように、朝酌渡がある朝酌促戸（273〜277）には人が集まって廛《いちくら》（市場）が設営されたのだと考えられます。そして、その市場にあるモノがどのようにして集められたかということですが、入海にある渡の近くに設けられたことから、恐らく水上交通が利用されたのではないかと思います。

なお、入海について説明すると、砂州が延び、水が滞留して形成された湖のような場所で、ラグーンや潟湖ともいわれます。日本海は干満差が小さいので、砂州が発達しやすく、ラグーン・潟湖が多く形成されました。

そのような入海の利点は何かというと、日下雅義さんの『古代景観の復元』（中央公論社、一九九一年）によれば、手ごろな水深で、外海からの風や波が避けられ、風待ちに有効である点、水底が砂や泥で船の破損を避けられる点、そして、干満差を利用して船の出入りがしやすいという点などが挙げられます。すなわち、入海があるところは、水上交通の便がよく、そのような入海が日本海側に多くあるということは、日本海地域は水上交通に恵まれた地であったといえます。

## 三、北の海の道―渤海使の出雲来着と日本海における宋商の動向―

最後に、「北の海の道」として、渤海使の出雲来着と日本海における宋商の動向を紹介したいと思います。

渤海は現在の中国の東北部から朝鮮半島の北部にかけて成立した国です。八世紀はじめ、新羅《しらぎ》と仲が悪く、また、唐とも仲がよくなかったので、渤海は日本と友好関係を結ぼうと考えたようです。そのために日本に派遣されたのが渤海使で、本来は友好関係を築くことが主な役割だったのですが、唐との関係が改善された八世紀後半以降は、貿易が主となります。

その渤海使がどこに到着したかというと、九世紀以前は主に東北地方でした。これは新羅と敵対していて、朝鮮半島を南下できず、日本海を直接渡ったためです。ですから、九世紀以前は東北地方の日本海側に多く着いたのです。九世紀以降は新羅が弱体化し、南下することができるようになったため、西日本海地域に着くようになります。

そのなかで、今回紹介するのは、渤海使の王孝廉《おうこうれん》という人物です。王孝廉は、平安時代はじめの弘仁《こうにん》五年、西暦八一四年の秋に出雲に到着し、しばらく出雲に滞在します。それから、正月に行われる儀式に出るために出雲から京に向かいます。実際、正月の元日朝賀などの儀式に参加しています。この王孝廉は一例にすぎませんが、朝鮮半島を南下して島伝いに日本海を横断する航路で渤海から（隠岐を経由して）出雲に来着した渤海使は、入京するまで出雲に滞在したのです。

儀式が終わったあとは京を出発して、陸路で出雲に向かっています。そして、三月には出雲に到着して、出雲の「賓亭」や「辺亭」に滞在していたようです。この「賓亭」や「辺亭」は王孝廉一行の周辺で詠まれた漢詩のなかに出てくる表現で、その漢詩は平安時代はじめに編纂された、嵯峨《さが》天皇の命による勅撰漢詩集である『文華秀麗集《ぶんかしゅうれいしゅう》』に収められています。

「賓亭」や「辺亭」が、一体どこにあったのかというのはなかなか難しいですが、恐らく千酌駅家周辺にあったのではないかと考えられます。千酌駅家というのは、これまで何度も述べてきたように、隠岐と出雲を結ぶ交通の要衝で、船が停められる場所です。渤海使は島根郡に到着するという記事が『日本三代実録』などで確認でき、その島根郡に千酌駅家があります。ですから、恐らく千酌駅家かその周辺に王孝廉一行も滞在したのだろうと考えられます。

そのあと、五月に船で渤海を目指して出発しますが、渡航に失敗してしまいます。越前に漂着し、滞在していることが、先ほどと同様に、漢詩から判明します。渤海使と日本の使者が漢詩を通じて交流しているのです。

王孝廉は弘仁六年（八一五）六月に亡くなってしまいますが、王孝廉を除く副使以下は越前にそのまま滞在し、翌年に渤海に向けて再出発したと思われます。弘仁五年（八一四）から弘仁七年（八一六）までの約二年間、日本に滞在し、しかもそのうちの大半を日本海地域で過ごしたことになります。

渤海使は、先ほどもいったように、八世紀後半以降は貿易目的で派遣されるようになり、「商旅」（『類聚国史《るいじゅうこくし》』巻一九四渤海下、天長《てんちょう》三年（八二六）三月戊辰朔条）、つまり商人とも呼ばれています。そのような渤海使が西日本海地域に滞在したということは、恐らく漢詩のやり取りだけではなくて、交易も行っていたのだろうと思われます。ちなみに、渤海だけではなく、九世紀半ば以降、西日本海地域では新羅からやって来た人々とも交易をしています。西日本海地域に外国から商人がたくさんやって来たといえます。

次に、宋商についてお話しします。宋商は、十世紀から十三世紀、現在の中国を治めた北宋と南宋の商人で、東アジア地域をジャンク船で行き来し、貿易を行った海商です。この宋商、原則として日本では大宰府に来なければならず、そこで管理貿易が行われました。国が管理するなか、香木や経典、宋銭などが日本に輸入される一方、日本からは金や硫黄、刀剣などが輸出されました。そのような貿易をしていた宋商が、実は若狭にも来着しています。

まず若狭に来着した宋商として朱仁聡《しゅじんそう》と林庭幹《りんていかん》を取り上げます。彼らは長徳《ちょうとく》元年、西暦九九五年に七〇人余りで若狭に着いた（『日本紀略《にほんきりゃく》』同年九月六日条）のですが、それが京の貴族たちの間で議論となり、越前に彼らを移すこととなりました（『権記《ごんき》』同年九月二十四日条など）。

そして、朱仁聡は越前に移されたのですが、その二年後の長徳三年（九九七）に若狭守、今でいう福井県西部の知事を、陵轢《りょうれき》、虐げるわけです（『小右記』同年十月二十八日条）。若狭に行って、若狭守とトラブルを起こしてしまうのです。ということは、この朱仁聡は恐らく若狭と越前との間を行き来していたと考えられます。朱仁聡は宋商なので、若狭や越前で交易を行ったのでしょう。

寛治《かんじ》三年、西暦一〇八九年にも同じようなことが起こります。宋の商人が若狭に来着して危害をうけたことが、都の貴族たちの間で議論になったのです（『後二条師通記《ごにじょうもろみちき》』同年十月十八日条）。そのなかで、国司についても議論されているので、恐らく若狭の国司とトラブルがあって、今度は逆に若狭の国司が宋の商人に危害を加えたのだと思われます。

平安時代後期の天仁《てんにん》三年、西暦一一一〇年には、越前の国司の雑怠を記した解状を、若狭にいた「唐人」、宋商のことだと思いますが、その「唐人」が朝廷に提出しています（『永昌記《えいしょうき》』同年六月十一日条）。

恐らく先ほどの朱仁聡と一緒で、若狭だけではなく、越前でも宋商は交易活動をし、越前の国司との間でトラブルが発生したのだと考えられます。

最後に、もう一つ「敦賀唐人」とみえる、元永《げんえい》二年、西暦一一一九年ごろの史料（東寺観智院旧蔵本『唐大和尚東征伝《とうだいわじょうとうせいでん》』紙背文書、『平安遺文』四六七三・四六七四）を取り上げます。これは丹後の目代、今でいう京都府北部の知事の代理人ですが、その目代が白鑞（錫《すず》）を手に入れたいので、若狭にいる者に依頼します。ただ、若狭には唐人、宋商がここ数年いないため、その人物は「敦賀唐人」に尋ねて入手し白鑞を献上するのです。ということは、実際は若狭に宋商はいなかったのですが、丹後の目代は、若狭に宋商が滞在していると認識していたといえます。だからこそ、若狭にいる人物にお願いしたのでしょう。

しかも、若狭にいる人物が、越前の敦賀にいる宋商とやり取りしているということは、恐らく若狭と越前の間でいろいろとやり取りがあったことを示唆しています。

なお、白鑞をわずか三〇斤しか得られなかったので、この若狭にいる人物は、別の唐人、宋商にも尋ねるわけです。越前に複数の宋商がいたこともわかります。

なぜ若狭に宋商が最近来ないのかというと、国司の苛法、厳しい政治が原因だと史料にみえます。やはり国司と宋商の間で、貿易をめぐってトラブルが生じたのでしょう。

以上の事例からわかることは、一つは越前での宋商の拠点は敦賀だということです。そして、若狭での宋商の滞在地は、度重なる国司とのトラブルを考慮すると、国府に近い小浜湾周辺だったのだろうと思われます。宋商、中国の商人たちは、若狭の国府周辺と越前の敦賀を行ったり来たりしていたのではないでしょうか。もちろん表向きの貿易の窓口は大宰府なのですが、西日本海地域にもやって来ているのです。

それでは、なぜやって来るのか。それは恐らく若狭や越前の敦賀が都に近いからです。都近くで、都にいる皇族や貴族たちと交易をやりたかったのだろうと思います。ですから、宋商は若狭、越前に滞在し、時に若狭と越前を往来して交易をしていたのだと思います。西日本海地域は、「北の海の道」という点でも、古代から水上交通が盛んだということがわかります。

## おわりに

西日本海地域の水上交通は、古代は未発達で、中世になると盛んになると一般にいわれますが、実はそうではなくて、中世の水上交通の礎が、古代の水上交通にあったということがこれまでの話からわかったのではないかと思います。

『海東諸国紀《かいとうしょこくき》』という、李氏朝鮮の申叔舟《しんしゅくしゅう》という人物が十五世紀に著した歴史書に地図が載っているのですが、その地図のなかに日本海側の浦々がみえます。若狭の「小濱浦」や出雲の「三尾開浦」、石見の「長濱浦」などで、それぞれ現在の福井県小浜市、島根県松江市・浜田市にあたります。このような浦々が中世の朝鮮半島の人たちには重要だと思われていたのでしょう。そして、それらの地で古代においても水上交通が盛んであったことは、ここまで述べてきた古代の若狭や出雲の状況から明らかなのでないかと思います。

古代の西日本海地域における水上交通は、ヒトの移動も担った瀬戸内海地域とは異なり、税物などのモノの輸送が中心でした。

これは、日本海地域特有の天候や波浪の問題と関係し、水上交通では移動に時間がかかることも多く、迅速であることを求めがちなヒトの移動には水上交通が不向きだったからでしょう。そのため、あくまでも日本海地域での水上交通は嵩張るものや重いものを大量に運ぶというモノの輸送が中心だったといえます。

ただし、ヒトの移動が行われていたことをうかがわせる事例もあります。長元《ちょうげん》四年、西暦一〇三一年に伊勢から隠岐に藤原小忌古曽《ふじわらのこぎこそ》を配流する際、伊勢から陸路で京を経て出雲まで行き、出雲から隠岐に海路で行くのが原則であるものの、そうではなく、伊勢から若狭に出て、若狭から海路で隠岐まで行くことが議論されているのです（『小右記』同年八月八日・十二日条）。そのなかで「海路」を「便路」とみなす意見が出ており、西日本海地域の水上交通はあくまでモノの移動が中心ですが、ヒトの移動が行われることもあったといえます。

古代の西日本海地域において、水上交通の京への窓口として若狭が機能したという点を今回のお話のなかで強調してきました。若狭は宋商がやって来て、交易を行う場だったのです。

もちろん、宋商の動きから、若狭だけでなく、越前の敦賀も京への窓口として機能していたといえます。若狭にしても、敦賀にしても、京に近いという地理的特性があり、外国船が停泊できる津やその周辺で交流や交易が行われたのです。そして、貿易目的の渤海使がやって来る出雲でも交流や交易が行われたと思われます。

つまり、「北の海の道」、東アジア地域との交流という面では、若狭や越前の敦賀、出雲が拠点として機能したといえるのです。

古代の西日本海地域は、水上交通でのヒトの移動という点で瀬戸内海地域と異なるということは先に述べたとおりですが、それ以外にも異なるところがあるので、その点について最後に触れたいと思います。

実は瀬戸内海は水深が浅く、しかも潮の流れが速いので、外国の大きなジャンク船で通過するのは難しく、宋商が船に乗ったまま瀬戸内海を進むことはほとんどなく、大宰府が公的な窓口として機能しました。外国からの商人は瀬戸内海地域に来ることはなかったのです。一方、西日本海地域に来て、交流や交易を行っているのは確認できます。つまり、古代において対外交易の表舞台としての役割の一端を西日本海地域が担っていたということを指摘し、おしまいにしたいと思います。

ご清聴ありがとうございました。

【第3部】古代出雲の仏教文化

# 仏教説話からみる古代の地域社会の諸相

吉田一彦 先生

## はじめに

名古屋からまいりました吉田一彦と申します。どうぞよろしくお願いいたします。ご紹介いただきましたように、私の専門は日本古代史と日本仏教史であります。

西洋の歴史を考える上でキリスト教の歴史はとても重要で、キリスト教文化が分からないと西洋史は分からない。あるいは、西アジアの歴史を考える上でイスラム教の歴史はとても重要で、イスラム教が分からないと西アジアの歴史を理解することはできないと思います。では、日本、あるいは東アジアはどうでしょうか。そこでは仏教の歴史がとても重要になると考えます。日本では、奈良の都にも、京都の都にも、鎌倉にもたくさんのお寺が造られました。日本の歴史を考える上で、仏教の歴史を理解することは重要だと考えております。

そこでポイントになるのが、宗教は混じり合うということです。日本には「神仏習合」という言葉があって、仏教と神信仰が複合、融合してきたことがよく知られています。けれど、宗教の複合、融合は日本だけのことではなく、中国、韓国、ベトナム、台湾などいろいろな国や地域に見られます。日本の宗教の歴史では、仏教の歴史、神信仰や祭祀の歴史、さらにそれらが融合しながら歴史を歩んできたということが大変重要です。また、神仏の融合は日本だけの現象ではありませんから、融合のあり方を他の国や地域でのあり方と比較しながら考えるという視座が必要になります［吉田一彦二〇〇六b］。

今日は、日本の仏教信仰の特色を、日本最初の仏教説話集である『日本霊異記《にほんりょういき》』という書物から考えようと思います。『日本霊異記』には、社会の様相や民衆の信心の姿が、生き生きと描かれています。この書物は説話集ですから、書かれていることすべてが事実に基づく記録とはいえないのですが、しかし、そこには奈良時代末期から平安時代初期の社会の様相がよく伝えられていると思います。それからそこに描かれた人々の「信心」の姿は――『日本霊異記』では「信心」という言葉が用いられています――、当時の日本の宗教のあり方をよく伝えています。

日本古代史では、律・令・格・式という法律の条文から世の中の様子を復元することを、長く研究の中心に据えてきました。日本では、古代に、〈法に基づく国家〉があったとする前

**吉田一彦**（よしだ・かずひこ）**先生**

名古屋市立大学副学長・大学院教授
1955年、東京都生まれ。上智大学大学院文学研究科博士後期課程単位修得満期退学。博士（文学、大阪大学）。専門は日本古代史・仏教史。主な著書に『古代仏教をよみなおす』（吉川弘文館）、『仏教伝来の研究』（吉川弘文館）、『民衆の古代史』（風媒社）など。『『日本書紀』の呪縛』（集英社新書）で第5回古代歴史文化賞優秀作品賞を受賞。

提で研究が進められてきました。しかし、近代においてすら、法とは違う世の中の実態がありますから、古代の研究において、法をどう評価するかはなかなか難しい問題です。法の条文と、世の中の実態が描かれている史料を比較してみますと、ギャップが見られる場合があります。そのギャップに注目するのが歴史学の面白さであり、醍醐味かなと思います。法律通りに人々が生きているわけではないと考えます。この国家をはたして〈法に基づく国家〉と評価できるのか、特に律令に基づく国家とみなすことができるのか、再考する必要があると考えます。『日本霊異記』はとても面白い史料で、律・令・格・式でこうあるべしと定めた社会とはかなり違う、世の中の実態が描かれておりまして、民衆史であるとか、社会史、心性史、思想史、女性史、経済史などにとって重要な史料になります［吉田一彦二〇〇六a］。

『日本霊異記』は日本最初の仏教説話集で、薬師寺の僧の景戒《きょうかい》という人物の著作で、上・中・下の三巻からなります。全部で一一六条の説話を収めています。漢文体で書かれており、弘仁十三年（八二二）以降まもなくの成立で、おそらく弘仁十三年の末か弘仁十四年ぐらいに完成したものだろうと考えられます。

この書物は『日本国現報善悪霊異記《にほんこくげんぽうぜんあくりょういのき》』というのが正式の書名で、「日本」と「霊異」の二つの語がキーワードになっています。「霊異」という言葉は中国語で、仏教の様々な奇跡のことを「霊異」といいます。中国の仏教文献を読みますと、「霊異」だけなく、「神異」「神験」「霊験《りょうげん》」あるいは「感通《かんづう》」という言葉も用いられています。中国仏教では、仏菩薩や経典の奇跡がとても重んじられました。そこで、仏さまを信じたらこんな奇跡が起こった、こんなありがたいことが起こったという話がたくさん集められ、説話集が作られました。それを『日本霊異記』の著者の景戒は強く意識しています。中国でさまざまな「霊異」が起こったけれど、この日本でも仏教の「霊異」は起こっている、日本にだって、こんなにたくさん奇跡が起こったと説いて、一一六もの説話を集めたのがこの本です。ですから、この本にはナショナリズムの萌芽のようなものがうかがえまして、中国に対する対抗心があって、タイトルに「日本」の語がつけられています。

この本は、上・中・下のそれぞれに序がありますが、上巻の序文には、「昔、漢地にして冥報記《みょうほうき》を造り、大唐国にして般若験記《はんにゃげんき》を作りき」とあります。現代語に訳しますと、「昔、中国では冥報記という本を作った。唐の時代に般若験記という本を作った」となります。ここの『冥報記』は、唐の唐臨の著作で、永徽年間（六五〇～六五五）の成立で、「報」をめぐる話が多く集められた仏教説話集です［伊野弘子二〇一二］。

次に、『般若験記』というのは、『金剛般若経集験記《こんごうはんにゃきょうしゅうげんき》』のことで、唐の孟献忠の著作で、開元六年（七一八）の成立です。これには、『金剛般若経』の不可思議の力による霊験譚が多数収められています［山口敦史他二〇一三～二〇一八］。仏教の経典はたくさんありますが、中国でこの時代に一番人気があったのは『法華経』で、たとえば敦煌《とんこう》で発見された経典で一番点数が多いのは『法華経』関係のものです。次に二番目に人気があったのが『金剛般若経』です。どちらも霊験あらたかな経典で、信心しますと、様々な奇跡が起こり、利益が得られると考えられておりました。

経典名に「般若」という言葉がつく般若系の経典は、当時、病気封じに効果があると信じられておりました。その中の一番人気が『金剛般若経』です。それから、『大般若経』や『仁王般若経《にんのうはんにゃきょう》』、そして短いものですが『般若心経』がありまして、疫病が流行りますと、『金剛般若経』を読誦したり、『般若心経』を暗誦したりしました。当時は天然痘がもっとも恐れられたので、天然痘にならないこと、助かることが祈願されました。

『日本霊異記』の著者の景戒は、中国の『冥報記』や『金剛般若経集験記』を強く意識しました。それらの中国の説話集では、善悪の報と因果の理が語られ、仏教の不可思議の力が説かれました。良いことをすると良い報いがある。悪いことをすると悪い報いがある。原因と結果は対応するのだ、という教えが中国の書物で説かれています。『日本霊異記』はその強い影響を受けて、善悪の報と因果《いんが》の理を説きました。

それから、経典を受持し、読誦する功徳《くどく》が絶大だとする話が説かれました。あるいは、死んで地獄に堕ち、地獄をめぐらされるのですが、生前の功徳のおかげでよみがえることができたと語る話も説かれています。『日本霊異記』には、『冥報記』や『金剛般若経集験記』と同質の主題やモチーフを持つ話が、日本を舞台に記述されています。

仏教の「霊異」は国境を越えて語られました。中国と日本には社会・文化の違いがありますから、説話全体を比べてみるともちろん違いがあります。しかし、違いを越えてあまりある共通性・連続性もあって、それは韓国やベトナムの仏教説話にも見られ、アジア東部の仏教信仰に広く見られる特質であると私は考えています。

## 一、漁民の信心

今日、みなさんと一緒に読もうと思っている説話は、奈良時代に越前の敦賀で交易していた商人の話です。ですが、その話は二番目にすることにしまして、その前に『日本霊異記』に描かれる漁民の話を簡単にしておこうと思います。

縄文時代の人々は魚を食べていました。弥生時代、古墳時代、鎌倉時代、室町時代、江戸時代、そして現代も、魚を食べております。奈良・平安時代にも食べていました。当たり前のことです。そこで問題になるのが漁民の存在です。教科書では、奈良・平安時代の漁民のことは扱われていません。しかし、『日本霊異記』には漁民がたくさん登場します。

私たちは、小中学校以来、当時の人々は六歳になると、男性も女性も口分田《くぶんでん》という田を国家から支給されて、米作り農業を行なったと教えられます。これは、法の規定です。奈良時代は「律令国家」「律令体制」で、法の規定に基づく国家があり、みなが米作り農業をして租・庸・調という税を納めていたと教えられます。しかし、本当に奈良時代に法に基づく国家があったのでしょうか。私はそこから古代史を再考したいと考えています。たとえば、島根県はどうだったのか。私は、この地に漁民がいただろうと推定します。みなが口分田で米作り農業をしていたとは考えられないように思います。商人もいただろうと思います。

『日本霊異記』には、漁民の話がたくさん出てきます。なぜだと思われますか。それは、漁民は仏教にとって大切な布教の対象者だからです。どういうことかといいますと、漁民は毎日魚を捕っていますから、生き物を殺す、つまり「殺生《せっしょう》」の仕事をしています。仏教の教えを説くときに、殺生をしている人は将来報いを受けるであろう、だけれども、仏さまの力、菩薩さまの力を信じ、信心するならば、その殺生の罪が赦されて、救いを得られるだろう、そのように『日本霊異記』では説かれています。ですから、漁民さんたちを対象者とした説話がたくさん収録されています。

たとえば、下巻の第三十二に、呉原名妹丸《くれはらのないもまろ》という人物が主人公となるお話があります。彼は大和国高市郡の波田里《はたのさと》——これは現在、奈良県高市郡の明日香村に「畑」という地名が残っておりまして、ここのことだろうと考えられております。彼は、奈良の飛鳥の出身で、海がないところの生まれです。そこの少年が海辺の漁業地域に奉公に出されました。名妹丸は、幼いときから網を作り、魚とりを生業とする「漁夫」だったと記されます。あるとき、三つの船で九人で漁をしていたところ、大風があって船がこわれ、海に沈んで八人が亡くなりました。名妹丸は海を漂流しながら妙見菩薩《みょうげんぼさつ》に祈願したところ、一人助かったという話です。

その理由について、『日本霊異記』は名妹丸が妙見菩薩を信心しており、その力によって助かることができたと説明します。「妙見の大助」と「漂者の信力」――信心の力のことを「信力」といっています――によって命を保つことができた。名妹丸が妙見菩薩を信心する力と、妙見菩薩の「大助」があい呼応して、つまり双方のエネルギーの矢印が引き合いまして、彼一人助かったとあります。

当時の漁業は、共同の営業として実施されており、子供の頃から漁民として生きる者が存在しました。『日本霊異記』には、下巻の第二十五にも、紀馬養《きのうまかい》と中臣祖父麿《なかとみのおおじまろ》という漁民が登場します。彼らは紀万侶《きのまろ》という漁業経営者に雇用される漁業労働者でして、年俸制で報酬を得て、住み込みで漁民として働きに出ていました。ここから推定しまして、下巻第三十二の名妹丸も給与形態は年俸制で、一年いくらという契約で住み込みで働いていたのではないかと考えています。つまり、経営者は労働力を一年単位で買ったのです。下巻の第二十五には、その形態がはっきり書かれていて注目されます。それは、農業経営で行われる賃租というやり方と類似しておりまして、『日本霊異記』で同じ用語で説明されていることがとても重要だと考えております。

また、こちらの下巻第二十五には、海に流されて、漂流した馬養と祖父麿の二人は、「南無……釈迦牟尼仏」と称えたとあります。すると、淡路島に漂着して助かることができたというお話です。「南無阿弥陀仏」のように仏さまの名号を称えることは、日本では鎌倉時代になって広まったと説かれることがありますが、そうではありません。名号の称名は、すでに奈良時代に地方の漁民の間でも行なわれていました［吉田一彦二〇〇六ａ］。

## 二、商人の信心

次に商人の話を読んでいきましょう。中巻の第二十四で、楢磐嶋《ならのいわしま》という人物が主人公です。楢磐嶋は大安寺に関係する商人です。この話は日本商業史で大変有名な話でして、ここから奈良時代に都と地方を行き来する遠隔地商人が存在したことが知られます。彼は、「寺の交易の銭を受けて商い」をするとか、「寺の商の銭を受け」て活動する人物だと記されていて、大安寺に雇われて、寺の銭「三十貫」を用いて商品を仕入れ、それを都へ持ち帰って売買していたと考えられます。三十貫は大金ですから多くの商品を取り扱ったと考えられます。

大安寺は、ご存知かもしれませんが、かつて「大官大寺」という寺院が藤原京にありました。それが奈良に移りまして「大安寺」という寺号の寺院になり、現在も奈良市大安寺にあります。この大安寺さんが、商人を使って商売をやっていました。その使われている商人が楢磐嶋で、おそらくお寺が資金を出して、そのお金を元手に磐嶋に交易をさせていたと考えられます。この三十貫のお金は仏さまの銭という位置づけになっていたのだろうと思います。この話には大安寺の「修多羅分《すたらぶん》の銭」というように出てきます。

磐嶋は、奈良の都から商品の仕入れに日本海側の都魯鹿《つるが》（敦賀）まで行きました。そのルートは京都の宇治から近江に出て、琵琶湖の南側から船に乗って北の方に行きます。行きはあるいは馬を使った可能性もありますが、帰りは物資がありますので船を使います。そして、琵琶湖の北岸から越前国の敦賀まで出て交易をしていました。ところが、敦賀で仕事を終えた帰り道に磐嶋は突然病になります。それで、船は無理だということで馬に乗って帰ってきます。すると、後ろから変なのが三人ついてくる。そこで、お前たちはどこへ行くんだ、という話になります。彼らは、実は三人の鬼でありまして、冥界から磐嶋をお迎えに来たのです。あとで本文を読みましょう。

この話から、敦賀で日本海を利用した交易が行われていたことが知られます。また、琵琶湖の水上交通・運輸が整備されていたことが知られ、馬による交通の準備もあったことが分かりまして、商業史、交通史、運輸史の重要史料になっています。

それから、『日本霊異記』には、しばしば当時の市の姿が描かれています。市には「市人」と表現される者が存在し、また「商人」と表現される者が往還していました。ですから、奈良時代に商人がいました。「市」「市人」「商人」は、『日本霊異記』の下巻第二十七、上巻第三十四、中巻第四などに見えます。

## 三、『日本霊異記』中巻第二十四を読む

以上を前提に、『日本霊異記』のお話を読んでいこうと思います。題は「閻羅王《えんらわう》の使《つかい》の鬼、召さるる人の賂《まひない》を得て免《ゆる》しし縁　第二十四」です。冥界の閻羅王の使いの鬼がこの世まで死すべき人を召しに来たのですが、賄賂をもらって許してしまい、別人を冥界に連れて行ったという話です。

「楢磐嶋は、諾楽《なら》の左京の六条五坊の人なりき。大安寺の西の里に居住せり」。楢磐嶋は左京の「六条五坊」に住んでおり、それは「大安寺の西の里」だとあります。ここの「里」は都の中の話ですから、五十戸一里の「里」ではなく、集落、村という意味で、都

**【史料】『日本霊異記』中巻第廿四**

楢磐嶋者、諾楽左京六条五坊人也。居二住于大安寺之西里一。聖武天皇世、借二其大安寺修多羅分銭卅貫一、以往二於越前之都魯鹿津一、而交易以之運超載レ船将二来家一之時、忽然得レ病。思二留レ船単独来レ家、借レ馬乗来。至二于近江高嶋郡磯鹿辛前一、而瞻之者、三人追来、後程一町許。至二于山代宇治椅一之時、近追附、共副往。磐嶋問二之何往人耶一。答言曰、閻羅王闕召二於猶磐嶋一之往使也。磐嶋聞問、見レ召者我也、何故召耶。使鬼答言、我等先往二汝家一而問之。答曰、商往未レ来、故、至二於津一而求、当相欲レ捉者。有二四王使一、誂言、可レ免。受二寺交易銭一、而奉レ商故。故暫免耳。召レ汝累レ日、而我飢疲、若有二食物一耶。磐嶋云、唯有二干飯一、与之令レ食。使鬼云、汝病二我気一、故不二依近一、而但莫レ恐。終望二於家一、備レ食饗之。鬼云、我者牛宍味、故牛宍饗、捕レ牛鬼者我也。磐嶋云、我家有二斑牛二頭一、以之進故、唯免レ我也。鬼言、我今汝物多得食、

の中に村ができていました。大安寺の西に村があって、そこに大安寺の関係者が住んでいました。

「聖武天皇のみ世に、其の大安寺の修多羅分《すたらぶん》の銭《ぜに》を三十貫借りて、越前《えちぜん》の都魯鹿《つるが》の津に往きて、交易《きょうやく》して運び超《こ》し、船に載せ家に将《も》ち来《きた》らむとする時に」とあって、はっきりと都魯鹿（敦賀）の地名が出てきます。ここの「家」という字は、今日は「ヤケ」と読ませていただきます。「ヤケ」とは、門があって、周りが一区画に区切られ、中に複数の建物があるような経営体を指します。これは吉田孝先生の説で［吉田孝一九八三］、私はこれは重要な理解だと考えております。楢磐嶋の家は、「ヤケ」といってもさほど大き

其恩幸故、今免レ汝者、我入二重罪一、持二鉄杖一、応レ所打二百段一。若有二与レ汝同年之人一耶。磐嶋答言、我都不レ知。三鬼之中、一鬼議言、汝何年耶。磐嶋答云、我年戊寅也。鬼云、吾聞、率川社許相八卦読、与レ汝同有二戊寅年人一。宜二汝替一者、召二将彼人一、唯汝饗、受二牛一頭一也。為レ令レ脱二我所レ打之罪一、呼二我三名一、奉レ読二金剛般若経百巻一。一名、高佐麻呂。二名、中知麻呂。三名、槌麻呂。夜半出去、明日見之、牛一死也。磐嶋参二入大安寺南塔院一、請二沙弥仁耀法師一〈未二受戒一之時也〉、語レ欲レ奉レ読二金剛般若経百巻一。仁耀受レ請、経二二箇日一、読二金剛般若経百巻一訖。歴二三箇日一、使鬼来云、依二大乗力一、脱二百段罪一、自二常食一復倍二飯一斗一而賜。喜、貴。自レ今以後、毎レ節為レ我修福供養。即忽然失。磐嶋、年九十余歳而死。大唐徳玄、被二般若力一、脱二閻羅王使所レ召之難一。日本磐嶋、受二寺商銭一、脱二閻羅王使鬼追召之難一也。売レ花女人、生二忉利天一、供レ毒掬多、返生二善心一者、其斯謂之矣。

くなかったのかもしれませんが、多くの商品を取り扱う商人であり、あとで出てきますように牛を複数飼っていますから、少なくとも二、三以上の建物があったろうと思います。「船に載せ家に将《も》ち来《きた》らむとする時に、忽然《たちまち》に病を得つ。船を留め、単独《ひとり》家に来むと思ひ、馬を借りて乗り来《きた》る。近江《おうみ》の高嶋郡《たかしまのこおり》の磯鹿《しが》の辛前《からさき》」。ここの辛前は、今もあります、琵琶湖の一番南のところの滋賀の唐崎です。帰りは、病のためここまで馬で帰ってきました。

そこで振り返ってみますと、「睠《かえり》みれば、三人追ひ来る。後るる程一町許《ばかり》なり。山代《やましろ》の宇治椅《うじばし》に至る時に、近く追い附き、共に副《そ》ひ往く」とあります。自分を追いかけてくる正体不明の三人がいて、それが京都の宇治橋のところで追いついてきて、ともに並びながら進むようになったので、磐嶋が聞きます。

「磐嶋、『何《いずく》に往く人ぞ』と問ふ。答へて言曰《い》はく、『閻羅王《えんらおう》の闕《みかど》の楢磐嶋を召しに往く使《つかい》なり』といふ。磐嶋聞きて問ふ、『召さるるは我なり。何の故にか召す』といふ。使いの鬼答へて言はく」とありまして、先ほどまで正体不明だった三人が、ここで身分が明かされて、「鬼」だったと分かります。「使の鬼答へて言はく、『我等、先に汝《なんじ》が家に往きて問ひしに、答へて曰はく、〈商《あきない》に往きて未《いま》だ来《きた》らず〉と言ふが故に、津に至りて求めき。」となります。ここの「津」は、敦賀のことで、敦賀の津のことです。あなたの家に行ったら、商売に行ってまだ帰って来ないと言うから、敦賀まで我々が逮捕、召還しに来たのだと鬼が言います。すると、

「当《まさ》に相《あ》ひて捉《とら》へむと欲《おも》へば、四王《しおう》の使《つかい》有りて、誂《あとら》へて言はく、『免《ゆる》すべし。寺の交易の銭を受けて、商ひ奉《まつ》るが故に』といひき。」とあります。ここの「四王」は四天王のことです。寺院にはしばしば邪鬼を踏みつけている武将姿の天が四隅にまつられています。それが、持国天《じこくてん》、増長天《ぞうじょうてん》、広目天《こうもくてん》、多聞天《たもんてん》の四天王で、私たちを鬼から守ってくれる尊格です。この話には、この四王の使いが出てきて、磐嶋を免してやってほしいと鬼に言います。なぜかと聞かれますと、磐嶋は寺の関係者で、寺の交易の銭を受けて、お寺の商いを担当している者だから、免してやってほしいと言います。それで鬼は、「故《そえ》に暫《しまら》く免《ゆる》しつらくのみ」と言って、しばしの猶予の時間を与えていたと磐嶋に説明しました。

そこで鬼は、「『汝を召すに日を累《かさ》ねて、我は飢ゑ疲れぬ、若《も》し食物ありや』と言ふ」とあります。鬼は飢え疲れていました。実は、中国の志怪《しかい》小説などに冥界の鬼たちが描かれますが、彼らはいつもお腹を減らしています。中国では、鬼は人が死して冥界に行った存在だと考えられていました。鬼たちは冥界でお腹を減らしていると考えました。それで、この世に暮らしている人は、死者に対して食べ物をお供えしてあげます。

その鬼の一番の大好物は牛肉です。中国の志怪小説には、鬼が牛を食べたとか、鬼神の廟に牛を供えたとする記述があります。実は、日本にもこの信仰が中国から入ってきまして、牛を殺して鬼神の廟に捧げる祭祀が行なわれました。これを「漢神《からかみ》」信仰といいます。「漢神」に対する信仰は、『日本霊異記』中巻第五に見えます［吉田一彦二〇一六a］。それから

『続日本紀』延暦十年（七九一）九月十六日条や、『類聚国史《るいじゅこくし》』延暦二十年（八〇一）四月八日条に「漢神」信仰が流行していたことが見えます。また、日本ばかりではなく、朝鮮半島の新羅にもこうした信仰があったことが分かっております。

さて、磐嶋は、今旅先なので御馳走の持ち合わせがありません。けれど、お腹を減らした鬼に対して、こいつらに食べ物をあげるときっと良いことがあるだろうと考えました。そこで、こう言うのです。「磐嶋云はく、『唯干飯《ただほしいい》のみ有り』といひ、与へて食《くら》はしめき。使《つかい》の鬼云はく、『汝、我が気《け》に病まむが故に、依り近づかずあれ。但《ただ》し恐るること莫《なか》れ』といふ。」となります。磐嶋は旅行用の干飯を与えました。すると、鬼は、自分にあまり近づいてはいけないよ。私の「気」に触れると病になるから、必要以上に近づかないようにとわざわざ教えてくれました。でも、離れていれば怖がらなくてよいとも教えてくれました。ですから、鬼の「気」にやられると病気になると考えられていたのです。病気を病の「気」と書くのは、「気」に触れて病になると考えたのです。鬼たちはモヤモヤっとした、気体状のものを発しています。これが病気で、それに触れると、病になるのです。ですから、この「気」に触れてはいけないと鬼は教えました。

そうこうしているうちに、磐嶋は自分の家に戻りました。鬼が家まで来たのだから、もうこれは御馳走して饗応するしかない。饗応、すなわち賄賂です。それで、「終《つい》に家に望み、食《じき》を備《もう》けて饗《あえ》す。鬼云はく、『我は、牛の宍《しし》の味《うま》きが故に、牛の宍を饗《あえ》せよ。牛を捕《と》る鬼は我なり』といふ」。磐嶋が御馳走で饗応しますと、鬼は、牛が美味いから好きだ、牛が食べたいと言い、牛がコロッと死んだら、それを捕っているのは実は自分だと言います。

磐嶋は、「磐嶋云はく、『我が家に斑《まだら》なる牛二頭有り。以て進《たてまつ》らむが故に、唯《ただ》我を免《ゆる》せ』といふ。鬼言はく『我、今汝が物多《さわ》に得て食ひつ。其《そ》の恩《めぐみ》の幸《さち》の故に、今汝を免《ゆる》さば、我重き罪に入り、鉄の杖を持ちて、百段《ももきだ》打たるべし。若し汝と同じ年の人有りや』といふ。」となります。磐嶋の「ヤケ」には牛小屋があり、斑の牛二頭を飼っていました。その牛をあげるから免してほしいと告げます。すると鬼は、私が牛をもらって食べて、その恩であなたを免したのが露見すると、冥界に帰ったあとに重い罪に問われて、鉄の杖で百叩きになってしまうと言います。ここの杖は、木の杖ではなくて鉄の杖で、大変な制裁です。それで、免したことがばれないように、同い年の人はいないかという話になります。

「磐嶋答へて言はく、『我都《かつ》て知らず』といふ。三の鬼の中に、一《ひとり》の鬼議して言はく、『汝は何の年ぞ』といふ。磐嶋答へて云はく、『我が年は戊寅《つちのえとら》なり』といふ。鬼云はく、『吾聞くならく、率川《いざがわ》の社の許《もと》の相八卦読《そうはつけよみ》にして、汝と同じ戊寅《つちのえとら》の年の人有り。汝に替《か》ふべき者《ひと》なり。彼《そ》の人を召し将《い》む。』」となります。率川神社に相八卦読がいました。奈良時代はみなが稲作農民とは限らないわけで、神社には八卦で占いをする占い師がいました。この人物が磐嶋と同じ年の生まれだったので、代わりとして冥界に連れて行かれてしまいました。

「唯《ただ》し汝が饗《もうけ》に牛一頭を受けつ。我が打たるる罪を脱《のが》れしめむが為に、我が三《みたり》の名を呼びて、金剛般若経《こんごうはんにゃきょう》百巻を読み奉《まつ》れ。一《ひとり》の名は高佐麻呂《たかさまろ》、二《ふたり》の名は中知麻呂《なかちまろ》、三《みたり》の名は槌麻呂《つちまろ》ぞ」といひて、夜半《よなか》に出で去る。明くる日見れば、牛一《ひと》つ死にたり。」となりました。牛一頭は鬼たちに食べられてしまって、明くる日に見るとコロッと死んでいました。三人の鬼は自分たちの名前を明かして、我々のために『金剛般若経』を読んでほしいと言います。『金剛般若経』は鬼に対して不可思議の力を持つ経典です。

　中国文献には、鬼と対決することになってピンチになったら、鬼の名前を見破って、名前を言うと撃退することができるとあります［佐々木聡二〇〇九］。このお話では、鬼が自ら名前を明かして恭順の意を示し、読経の依頼をしました。三番目の鬼は槌麻呂という名前でした。槌というのは金槌や木槌の槌で、鬼の道具として重要なものでした。なぜ槌を持っているかというと、冥界に連れて行く人の額を槌で打つと、その人は死んで連行されてしまいます。その道具でした。この鬼はそれが名前になっていて、槌麻呂という名でした。

「磐嶋、大安寺の南塔院に参《ま》ゐ入り、沙弥仁耀法師《しゃみにんようほうし》〈未《いま》だ受戒をせざりし時なり〉を請けて、金剛般若経百巻を読み奉らむと欲《おも》ふと語る。仁耀、請《こい》を受けて、二箇日《ふつか》を経て、金剛般若経百巻を読み訖《おは》りぬ。三箇日を歴《へ》て、使《つかい》の鬼来《きた》りて云はく、『大乗の力に依りて、百段《ももきだ》の罪を脱《まぬか》れ、常の食《じき》より復飯《またいい》一斗を倍《ま》して賜ふ。喜《よろこば》し、貴《たうと》し。今より以後《のち》は、節毎《せちごと》に我が為に修福《しゅふく》し供養せよ』といふ。即《すなわ》ち、忽然《たちまち》に失《う》せぬ」となりました。僧尼は、得度をすると男は沙弥、女は沙弥尼になり、その後、受戒を経ますと男は比丘（僧）、女は比丘尼（尼）

になります。ですから、ここの仁耀さんはまだ受戒をする前だったのでこの時は沙弥だったという注が付いています。

磐嶋は大安寺に行きまして、南塔院の仁耀さんという沙弥に頼んで『金剛般若経』を読んでもらいました。『金剛般若経』は全一巻ですから、百巻読むというのは、百回読んだということです。六国史を見ますと、疫病が流行しますと、『金剛般若経』を千巻、三千巻と読んだという記事があります。たとえば、『日本三代実録』の貞観八年（八六六）二月の神前読経の記事がそうで、千巻読むというのは、一巻の『金剛般若経』を千回読むということになります。『日本霊異記』のこの話では百回読んでいます。読み終わりますと、三人の鬼が再び現れまして、「『金剛般若経』を読んでもらったおかげで、我々の罪は露見することなく、百叩きの罪を免れることができ、さらにありがたいことに、いつもお腹をペコペコにしていたのに、常の食事より一斗も増して食えるようになりました。喜ばしいことです。あなたのおかげですとお礼を述べました。さらに、節ごとに我がために「供養」してほしいと告げて忽然と消えました。「供養」というのは食べ物を提供する行為を指しております。

「磐嶋年九十余歳にして死にき。大唐《だいとう》の徳玄は、般若の力を被《こうむ》りて、閻羅王《えんらおう》の使《つかい》に召さるる難《なん》を脱《まぬか》れき。日本の磐嶋は、寺の商《あきない》の銭《ぜに》を受け、閻羅王の使《つかい》の鬼の追ひ召す難を脱れき。『花を売る女人は、忉利天《とうりてん》に生《うま》る。毒を供《く》する掬多《きくた》は、返りて善心を生ず』と者《い》へるは、其れ斯《こ》れを謂《い》ふなり。」という話であります。磐嶋は年九十余歳まで長生きしたとのことです。

ここの「般若の力」は大変重要です［山口敦史二〇一五、吉田一彦二〇一六b］。「大唐」とあるように中国、そして日本の仏教では、「般若の力」が重んじられました。仏教語で「般若」とは、本来は知恵という意味なのですが、ここはそうではなくて、「般若」の名がついた経典の持つ不可思議の力のことを「般若の力」と言っています。のちにまた触れますが、『続日本後紀』承和二年（八三五）四月丁丑条にはそのことが明記されています。

## 四、「鬼神」観念の受容

日本には、早くから中国の「鬼神」の観念が流入しました。六国史や『日本霊異記』などに多くの「鬼神」が登場します。『日本霊異記』の楷磐嶋の次の話、中巻第二十五は「閻羅王の使の鬼、召さるる人の饗を受けて、恩を報ひし縁」というお話で、布敷臣衣女《ぬのしきのおみきぬめ》という女性が病気になったが、閻羅王の使いの鬼に食べ物を賄として饗応して命が助かったという話です。やはり「賄」が重要です。先ほどは賄賂の「賂」だったのですが、こちらでは「賄」という文字が出てきます。彼女は鬼に「百味」の食物を供えました。また、この話では使いの鬼がはっきりと「疫神」だと書かれており、注目されます。「疫神」は疫病を引き起こす神であり、同時に「鬼」でもありました。つまり「鬼神」でした。奈良・平安時代に日本で疫神祭祀が行われたことは、六国史をはじめとして様々の史料に出てきます。

中巻の第二十四、第二十五とも、冥界からこの世に人を召喚に来る「鬼」が描かれています。これは中国的な思想に基づく話ですが、それが仏教と融合して、仏教とともに日本に入ってきました。中国では民間信仰、儒教、道教、仏教の世界で「鬼神」が様々に論じられ、信仰されました。日本には、中国の民間信仰として、あるいは道教や儒教として、あるいは仏教信仰の一部として鬼神の信仰が流入しました。

中国では、「鬼」は死者の霊魂を指す語でした。人は死ぬとみな「鬼」になって冥界で暮らすと考えられました。「疫神」が同時に「疫鬼」であったように、「鬼」と「神」には重なり合う領域があり、しばしば「鬼神」と表現されました［神塚淑子一九九七］。中国の六朝時代や隋唐時代の書物には多数の「鬼神」が出てきます。冥界の鬼たちの世界は、階層社会になっていました。戸籍もありました。良い鬼とだめな鬼がいました。

鬼神は病気の原因だと考えられていました。鬼がこの世に病気をばら撒きに来ることがあります。病気をばら撒くというのは、この世の人々を病気にして、死に至らしめて冥界に連れていくということです。それから、鬼神はいつも空腹で食物を求めており、食物を供養する祭祀が必要だと考えられていました。

こうした中国思想が日本に入ってきて、すでに七世紀の木簡に、鬼の文字・信仰が確認できます。そうした木簡を呪符木簡《じゅふもっかん》と言います。八世紀以降の呪符木簡も多数出土しています。また、出土した墨書土器の中に、鬼神を饗応するために用いられたと推定されるものがあります。これについては平川南先生や増尾伸一郎先生の詳しい研究があります［平川南二〇〇〇、増尾伸一郎二〇一五］。

また日本の神祇祭祀では、「道饗祭《みちのあえのまつり》」という中国的な鬼神の祭祀が行われました。「神祇令」にも規定が見えます。道饗祭は、交通の要所や場の境界になるような地点で鬼たちに御馳走を饗応して、そこからお帰りいただくという祭祀です。鬼は道を歩いてやってくると考えられていました。道饗祭では、鬼が道を進んでくると、テーブルに御馳走が置いてあって、御馳走を食べてお腹がいっぱいになってもらいます。それで、満足してもらってそこから帰っていただくというのが目的です。『令義解《りょうのぎげ》』という令の注釈書には、毎年六月と十二月に、神祇官の卜部《うらべ》が京城の四隅の道上で鬼魅が外から来るのを防ぐために饗応する祭りだと説明されています。鬼神を慰撫してそこから帰ってもらおうと祈願する祭祀でした。『備後国風土記』の逸文が『釈日本紀《しゃくにほんぎ》』に残っておりまして、「蘇民将来《そみんしょうらい》」の説話が記されています。そこには、疫病の原因となる恐ろしい鬼神が私たちのもとにやってきますが、食べ物を饗応することによってお帰りいただいたという話が見えます。

あるいは、年末になりますと、「追儺《ついな》」といいまして、鬼を追い払う中国風の年中行事が行なわれました。これは内部世界から外部世界へと鬼を放逐しようとする行事でした。その名残りは、現在、節分の豆まきの「鬼は外、福は内」という言葉になって残っています。『日本霊異記』には、上巻第三、中巻第五、中巻第二十四、中巻第二十五などに、十二例の「鬼」「鬼神」が登場します。それらは中国の鬼神観念と概ね合致し、中国の観念を受容したものと評価されます。さらに、六国史にも「鬼」「鬼神」が多数見えます。

　さて、天然痘は今日根絶された病になりました。けれども、明治・大正ぐらいまではとても怖い病気でした。種痘が開発されて、私たちは天然痘の恐怖から逃れることができました。日本では、奈良時代に天然痘のパンデミックが起きました。それが天平七年（七三五）と天平九年（七三七）の大流行で、その様子は『続日本紀』に詳細に記録されています。政府は、行政の責任者として何とか天然痘流行に対処しなければならない。しかし、医学が発達していないので、宗教的に対処し、諸宗教複合の文化ですから、あらゆる宗教に頼りました。政府は、i神々に祈り、ii仏教に祈り、iii鬼神に祈り、iv儒教的な徳治政策を実施しました。あらゆる宗教的手法を尽くして天然痘に対処しました［吉田一彦二〇一六b］。

　仏教に関しては、『金剛般若経』や『大般若経』などの般若系の経典の読誦を実施しました。鬼神をまつる祭祀としては、臨時の道饗祭を挙行しました。長門国より都よりの諸国の国司の守《かみ》または介《すけ》に自ら道饗祭を実施するように命じて、鬼神が進むであろう道筋の途中でくい止めようとしました。さらに神々に祈り、徳治政策も盛んに実施しました。

　日本では、その後も疫病が何度も流行しましたが、その対処として、『金剛般若経』『大般若経』『般若心経』『仁王般若経』といった般若系の経典がしばしば読誦されました。たとえば、貞観七年（八六五）、八年（八六六）に疫病が大流行しました。『日本三代実録』貞観十二年（八七〇）八月五日条には、隠岐国では三一八九人が亡くなったと記されています。今津勝紀先生は、これは当時の人口の約三割に当たると推算しました［今津勝紀二〇一〇］。随分たくさんの人が亡くなり、人口の三割も亡くなってしまいました。

この時は、神前読経が実施されました。『日本三代実録』貞観八年（八六六）二月条には、信濃、阿蘇、太宰府、住吉で、疫病封じのために『金剛般若経』『般若心経』が読誦されたと記されています。神社において、神に対して仏教経典の読経がなされました。現在でも、古い『大般若経』が各地の神社に残っていて文化財に指定されているものがあります。愛知県でも、神社に重要文化財の『大般若経』が残っております。それは、かつて疫病封じのために、神前で『大般若経』の転読を実施したからだと考えられます。

先ほど少し触れましたが、『続日本後紀』に重要な記事があります。承和二年（八三五）四月丁丑条で、そこに「勅《みことのり》して曰く、如聞《きくな》らく、諸国に疫癘《えきれい》流行し、病苦せる者衆《おお》しと。其れ病は鬼神より来《きた》れり。須《すべか》らく以て祈祷《きとう》して治むべし。又、般若の力は不可思議なり。宜《よろ》しく十五大寺をして大般若経を転読せしむ。病に沈むことを拯《すく》ひ、兼ねて未然に防がむ。」とあります。八三五年、疫病が流行し、多くの人が病に苦しみました。政府の認識はというと、病は鬼神から来ていると述べて、病気の原因になっているのは鬼神だとしています。それがこの勅にはっきりと記されており、大変注目されます。その上で、「般若の力は不可思議なり」と言っていて、『日本霊異記』と同じく、「般若の力」を重視し、それは「不可思議」な力で、鬼神を退けてくれると考えていたことが分かります。

先ほども触れました『金剛般若経集験記』。これは中国の書物ですが、その上巻の「延寿篇」には、『金剛般若経』の力で寿命が延びたという話がいくつも収められています。その第十の呉思玄の話では、呉思玄の兄が病気になりますと、病の原因となっている鬼神たちが官人の姿をして、病床の兄のところに登場します。しかし、呉思玄によって鬼神は撃退され、『金剛般若経』の力によって、兄の病は平癒したという話です。こうした中国の鬼神の思想は『日本霊異記』に直接の影響を与えていますが、それだけでなく、政府も含めた奈良・平安時代の日本の「鬼神」観念の全体像に大きな影響を及ぼしていると理解されます〔吉田一彦二〇一七〕。

奈良・平安時代、「鬼」は「キ」と発音されたと思います。「鬼神」の「キ」です。ただ、日本語では、「鬼」の文字は訓読みで「モノ」とも読まれました。『万葉集』には「鬼」という文字が「モノ」と読まれている例があります。それから、よく知られていますように、平安時代になりますと「モノノケ」の宗教思想が隆盛しまして、人々はモノノケを恐れました。モノノケは、「鬼」（モノ）の「気」（ケ）と理解すべきでして、鬼の気、「鬼気」がモノノケだと考えられていたと私は理解しています。

では、鬼神の姿・形はどのようにイメージされていたでしょうか。これを考えるには、日本の神像がどう造形されているかを検討することが重要になると考えています。京都には、大将軍八神社がありまして、多くの神像を所蔵しています。ここに鬼神と理解される像が数多くまつられています。今後は、鬼神の造形についても考察を深めたいと考えています。

## 付論――小泉八雲が記述した「鬼」の物語

今日は松江で話をさせていただくということで、あれこれと迷いましたが、古代の漁民や商人の話をしよう。それから鬼神の話をしようと考えてまいりました。付論としまして、この地にゆかりの深い小泉八雲さん（ラフカディオ・ハーン、一八五〇～一九〇四）のことに少し触れたいと思います。今回、松江で、はじめて小泉八雲記念館を訪れることができました。大変充実した展示を拝見することができ、多くのことを学ぶことができました。彼の怪談には色々な話があって、私はまだ少ししか読んでいないのですが、その中に『食人鬼《じきにんき》』というお話があります。これは、夢窓国師（夢窓疎石《むそうそせき》、一二七五～一三五一）が美濃国で、荒れた庵室に住む僧に案内されて小さな村に辿り着きますと、その夜、死体とお供えをむさぼり食う鬼に出あうというお話です。実は、庵室の僧は食人鬼でありました。彼は、夢窓に自分のために施餓鬼《せがき》供養をしてほしいと頼みました。彼は、古い昔に亡くなって墓に埋葬されていた僧でありました。

それから、『だんごをなくした婆さん（The Old Woman Who Lost Her Dumpling）』という話があります。これは、あるお婆さんが自分が作ったお団子がコロコロ転がって、穴の中に落ちてしまったのを追いかけますと、人を食べる鬼たちの世界に迷い込んでしまいました。

そこでお婆さんはお食事係になり、米粒の増えるしゃもじで鬼たちのご飯を炊きましたが、やがて脱出に成功し、元の私たちの世界に戻ってきて団子屋さんとしてお金持ちになったというお話です。こうした鬼についての話は、日本の歴史をずっと遡っていくと、『日本霊異記』の説話にまで遡ることができると私は考えています。

## おわりに

日本では、中国の鬼神観念が受容されました。だが平安時代になりますと、今度は、その上に重なるように、密教を通じてインドの鬼神観念が受容されました。インドの鬼神観念と中国の鬼神観念は、すでに中国仏教の世界において混融していましたが、日本列島内でも平安時代中後期以降にさらなる融合が進展し、やがて日本の鬼神観念が形成されていきました。それについてはまた別の機会にお話ししたいと考えます。

今日は、奈良・平安時代に、日本海の沿岸で盛んに交易が行なわれたという話をしました。この時代に船を用いた商業と海の交通がありました。また、日本の宗教はアジアの宗教の中で考えるべきであって、外来の宗教、信仰が押し寄せ、日本はそれらを受容し、また諸宗教が日本列島内で複合、重層、融合して発展していったという話をしました。それから、人々は、疫病をとても恐れていて、それは鬼神がもたらすものだと考えており、宗教の力で何とか逃れようとしていたという話をしました。そうした鬼神観念は、近代に至るまで、少しずつ変化しながらも、継続、発展してきました。

時間が参ったようでございます。これで私の話を終わりにしたいと思います。どうもありがとうございました。

### 【参考文献】


中田祝夫校注・訳『日本霊異記』〈新編日本古典文学全集〉小学館、一九九五年

出雲路修校注『日本霊異記』〈新日本古典文学大系〉岩波書店、一九九六年

多田一臣校注『日本霊異記』上中下、〈ちくま学芸文庫〉筑摩書房、一九九七～一九九八年

伊野弘子訳注『冥報記全釋』汲古書院、二〇一二年

山口敦史・今井秀和・迫田（呉）幸栄「校訂　金剛般若経集験記（一）（二）（三）（四）（五）（六）」『大東文化大学紀要』〈人文科学編〉五一、五二、五三、五四、五五、五六、二〇一三～二〇一八年

今津勝紀「古代の災害と地域社会――飢饉と疫病」『歴史科学』一九六、二〇一〇年

神塚淑子「鬼神（儒教のキーワード）」『しにか』八―一二、一九九七年

佐々木聡「『女青鬼律』に見える鬼神観及びその受容と展開」『東方宗教』一一三、二〇〇九年

多田一臣『古代国家の文学』〈三弥井選書〉三弥井書店、一九八八年

平川南『墨書土器の研究』吉川弘文館、二〇〇〇年

増尾伸一郎『日本古代の典籍と宗教文化』吉川弘文館、二〇一五年

山口敦史「『日本霊異記』と『金剛般若経集験記』――経典の持つ力をめぐって」『國學院雑誌』一一六―一一、二〇一五年

吉田一彦『民衆の古代史――『日本霊異記』に見るもう一つの古代』風媒社、二〇〇六年a

同『古代仏教を読みなおす』吉川弘文館、二〇〇六年b
同「アジア東部における日本の鬼神――『日本霊異記』の鬼神の位置」『説話文学研究』五一、二〇一六年a
同「奈良平安時代前期の病と仏教――鬼神と般若の思想史」『唐代史研究』一九、二〇一六年b
同『『日本書紀』の呪縛』集英社新書、二〇一六年
同「鬼を食う大蛇、神虫、天形星」（犬飼隆編『古代の文字文化』竹林舎、二〇一七年）
吉田孝『律令国家と古代の社会』岩波書店、一九八三年

【第3部】古代出雲の仏教文化

# 出雲の古代寺院――新造院の世界――

三舟隆之 先生

## はじめに

今、ご紹介にあずかりました、東京医療保健大学の三舟と申します。私の専門は寺院史なので、全国各地の古代寺院を見てまわっていますが、その中で出雲の地方寺院について、今日はお話をさせていただければと思います。

## 一、『出雲国風土記』に見える「新造院」

まず、『出雲国風土記』には「新造院」という語が見えます。「新造院」の条を見ますと、建物や僧の存在から仏教関係の施設であろうと考えられています。「出雲」と言いますとやはり神話の世界が中心だと思われがちですが、実は仏の世界もあります。

この「新造院」とは何だろうと言いますと、普通に読めば、「新たに造れる院」です。「院」というのは、垣根で囲まれた建物を「院」と言います。そういう建物がどうして風土記に見えるのかということで、少しお話しさせていただきます。

まず「新造院」の研究史ですが、はじめに新造院の研究をされた方は、やはり島根県の方です。考古学の世界では、遺跡から瓦が出土すると、その遺跡は寺院跡であるというのが一般的な考え方になります。

最初に島根県の池田満雄さんや近藤正さんなどが、「瓦が出土しているところが新造院ではないか」と考え、島根県内のどこで出土しているのかという研究を始めました。この研究方法は今も続いており、「新造院」の研究は、まず考古学のほうから始まりました。

ところが、次に古代史のほうではこういうことを言い始めました。「寺院併合令」という法律があります。これが霊亀《れいき》二年（七一六）に出るのですが、これはどういう法令かというと、荒廃している寺院を統合してしまえということです。そして、「新造院」はそれと関係があるのではないか、と。

**三舟隆之**（みふね・たかゆき）**先生**

東京医療保健大学医療保健学部教授
1959年、東京都生まれ。明治大学大学院博士後期課程単位得退学。博士（史学）。専門は日本古代史・宗教史。主な著書に『日本古代地方寺院の成立』（吉川弘文館）、『浦島太郎の日本史』（吉川弘文館）、『日本古代の王権と寺院』（名著刊行会）、『『日本霊異記』説話の地域史的研究』（法藏館）など。

『続日本紀』という、『日本書紀』に続く六国史の二番目の、国家が編纂した歴史書があります。その中で、霊亀二年の五月に出された詔に、「法蔵を崇め飾るは、粛《つつ》しみ敬うを本と為し、仏廟《ぶつびょう》を営み修るは、清浄を先と為す」とあって、「今聞く、諸国の寺家」、これは全国のお寺を指すのですが、「多くは法の如くにならず」ということで、違反しているといっています。どういう違反かというと、「或は草堂始めて闢《ひら》き、争いて額題を求め、幢幡《どうばん》を僅に施し、即ち田畝《でんぽ》を訴う」というのは、お寺が経営する水田を寺田といいますが、これは非課税になりますので、建物が完成しないのに「お寺ができた」と言って、寺田を要求しているのです。

そして、「或は房舎《ぼうしゃ》を修めず、馬牛は群れ聚《あつま》り、門や庭は荒廃して、荊《いばら》や棘はいよいよ生う」というのは、これは要するに、建物も修理しないから、馬や牛がたくさん群れていて、門や庭は荒れ放題で荊棘《けいきょく》が生えているという荒れ放題の状態になっているわけです。そうすると、「遂には無上の尊像は永く塵穢《じんえ》を蒙り、甚深《じんしん》の法蔵は風雨を免れず。多くは年代を経るとも、絶えて構成すること無し。事において斟量《しんりょう》するに、極めて崇敬に背く」、すなわちこのような荒廃した状態は、甚だ仏教の教えに背いているといっているのです。寺院が荒れている状態が、この霊亀二年（七一六）にあったということです。

そこで、「今は数寺を併せ兼ね、合せて一区となせ」と命じて、要するに「荒れたお寺を合併して、きちんとした建物を寺にしろ」という法令がここで出てくるのです。

一見すると出雲国には関係ないように見えます。中井真孝さんの研究によれば、免税になったり、国から予算が出たりとかする寺院が定額寺《じょうがくじ》というお寺で、国家公認の寺院になります。今言ったように霊亀二年の寺院併合令では、荒れた寺院を統合するのですが、公認される以前の寺号のない寺院が「新造院」であると考えたわけです。反対に「教昊寺」

というお寺は荒廃寺院を統合して、寺号を持った寺院だと考えました。

ところが、駒澤大学の瀧音能之先生が、「いや、逆だ」と。「教昊寺《きょうこうじ》という名前を持っている寺があるではないか。これは併合されていない。併合を経たものが新造院だ」と言っています。このように、色々な議論があって、実はこの寺院併合令というのが、今もこの「新造院」を考える上では影響を及ぼしています。

私は、「新造院」は寺院併合令とは一切関係ないという立場で、これから話させていただきます。そういう研究史がある中で、では、もう一度、「新造院とは一体何ぞや」ということを、『出雲国風土記』から見てみようと思います。次の史料は、風土記から新造院のところを抜き出しました（史料中の〈 〉内は注記）。

まず「意宇郡」、これは今の松江市・安来市周辺になります。舎人郷の「新造院」は、「郡家より正東に廿五里一百廿歩。五層の塔を建立するなり〈僧有り〉。教昊僧の造れるところなり」とあって、「「教昊寺」というお寺は、教昊さんというお坊さんが造った」とあります。この「教昊僧」というのはどういう人かというと、「散位大初位下《さんいだいそいのげ》上腹首押猪之祖父也」と書いてあります。ここが大事です。「教昊さんは押猪という人のおじいさんだ」といっているのです。ということは、この「散位大初位下上腹首押猪」というのは、今いる人だということになります。その今がいつかというと、『出雲国風土記』は天平五年（七三三）の成立ですから、そこから遡っておじいさんが「教昊寺」を造ったということになります。

そうすると、このおじいさんは何年前の人なのでしょうか。一世代三〇年と考えると、大体六〇年前ぐらいになるのですかね。そうすると、この教昊寺というのは、七三三年から六〇年ぐらい前だと、六七三年ぐらいに建てられたということになります。

次に、「新造院一所　山代郷中に在り」とあります。これは、松江市の八雲立つ風土記の丘の周辺です。「郡家の西北四里二百歩。厳堂《ごんどう》を建立するなり」とありますが、この「厳堂」とは何でしょうか。これは恐らく寺院の「金堂」と考えられています。

さらにそこには「僧無し」と書いてあって、坊さ

**【史料】『出雲国風土記』「新造院」条**

意宇郡
教昊寺　在舎人郷中郡家正東廿五里一百廿歩建立五層之塔也〈有僧〉教昊僧之所造也〈散位大初位下上腹首押猪之祖父也〉
新造院一所　在山代郷中郡家西北四里二百歩建立嚴堂也〈無僧〉日置君目烈之所造也〈出雲神戸日置君猪麻呂之祖也〉
新造院一所　在山代郷中郡家西北二里建立嚴堂〈住僧一軀〉飯石郡少領出雲臣弟山之所造也
新造院一所　在山国郷中郡家東南卅一里一百廿歩建立三層之塔也山国郷人日置部根緒之所造也
楯縫郡
新造院一所　在沼田郷中建立嚴堂也郡家正西六里一百六十歩大領出雲臣太田之所造也

んがいないとあります。この奈良時代でお坊さんがいないというのは、どういうことなのでしょうか。寺院併合令では、寺が荒れているから「合併しろ」と言っているので、ここのお寺にはお坊さんすらいないのですから、少なくともこれが定額寺のはずはないのです。

この新造院は誰が造ったかというと、「日置君目烈《へきのきみめづら》の造れるところなり」とあります。ここでも「出雲神戸の日置君猪麻呂《いまろ》の祖なり」とあって、目烈は猪麻呂の祖先であることがわか

出雲郡
新造院一所　在河内郷中建立嚴堂也郡家正南一十三里一百歩旧大領日置臣布彌之所造也〈今大領佐底麿之祖父〉

神門郡
新造院一所　在朝山郷中郡家正東二里六十歩建立嚴堂神門臣等之所造也
新造院一所　在古志郷中郡家東南一里〈本立嚴堂〉刑部臣等之所造也

大原郡
新造院一所　在斐伊郷中郡家正南一里建立嚴堂〈有僧五軀〉大領勝部臣虫麻呂之所造也
新造院一所　在屋裏郷中郡家東北一十一里一百廿歩建立（　）層塔也〈有僧一軀〉前少領額田部臣押嶋之所造也〈今少領伊去美之従父兄也〉
新造院一所　在斐伊郷中郡家東北一里建立嚴堂也〈有尼二軀〉斐伊郷人樋伊支知麻呂之所造也

ります。実は、これは山代郷北新造院で、来美《くるみ》廃寺に推定されていて、発掘調査が行われました。「金堂が建っているにもかかわらず、お坊さんがいないような寺は粗末では」と思いますが、実は発掘調査を行ったら、立派な伽藍が発見されました。

次の「山代郷中に在り　郡家の西北二里。厳堂を建立す〈住僧は一軀〉」とある山代郷の「新造院」では、僧が一人います。そしてこの「新造院」の建立者は、「飯石郡少領出雲臣弟山《おとやま》の造れるところなり」とあって、「出雲臣弟山」という人は、飯石郡の少領、郡司で、その後出雲国造になります。

そこで、また疑問に思いませんか。国造というのは、出雲大社の神官でもあります。その神官がなぜお寺を建てたのでしょうか。また、「出雲臣は意宇郡が本拠地なのに、なぜ飯石郡の郡司なのか」と。意宇郡には国府・国分寺がありますから、出雲国内では政治の中心ですが、そこからなぜ飯石郡の郡司になっているのかという、実はこの一文だけでも色々知ることができるのです。この「新造院」は山代郷南新造院で、発掘調査が行われて四王寺《しわじ》跡という遺跡です。

次の出雲郡は、今の出雲市周辺にあたります。「河内郷中に在り」とあって、「旧の大領の日置臣布彌《ふみ》の造れるところなり」とあります。この人は、「今の大領の佐底麿《さてまろ》の祖父なり」という注記があります。ここでもまたおじいさんが出てきます。ですから、この「新造院」は恐らく天平五年（七三三）から六〇年ぐらい前の人が造ったのだろうと考えられます。

それから、神門郡の「新造院一所」は、古志郷です。ここでは「本は厳堂を立つ」とありますから、天平五年の今はこの厳堂は建っていないということになります。これは寺院併合令された後の状態なのかというのが、読んだだけで感じる疑問になります。『出雲国風土記』の「新造院」からは、まずは誰が建てたのかということでは、お坊さんもいれば、国造さんも郡司もいれば、普通の人もいる、ということがわかります。

次に、「新造院」の建物はどのようなものかというと、先ほど言った「教昊寺」には五重塔があります。あとは「厳堂」という建物があって、寺院の金堂ではないかといわれていますが、建物はあるのに、なぜかお坊さんがいない寺院もあるのです。

教昊寺跡には、塔の心礎が残っています。そして、大原郡にも斐伊郷の新造院がありますが、よくわからない。塔の礎石といわれているものが、伝承地にあります。

## 二、仏教の伝播から見た出雲

お寺というのは、仏教関係の施設です。仏像を祀り経典を読み法会を行う場所です。そこで、どういう形で出雲国に仏教が入ってきたのかを考えてみます。

出雲国に仏教が来るのは、鰐淵寺の銅造観音菩薩立像《どうぞうかんのんぼさつりゅうぞう》（図1）を例に挙げますと、仏教の伝来から百年も経っているのです。五三八年または五五二年に日本に仏教が伝来したといわれていますよね。しかし、お寺とか仏像が一般に地方で作られるのは、いわゆる白鳳時代といって、七世紀の後半なのです。百年以上経ってから全国に広まるということなので、それまで一体どうしていたのでしょうか。蘇我氏と物部氏の対立のようなことが、地方でもあったのでしょうか。

鰐淵寺の観音菩薩立像は重要です。なぜかというと、まず「出雲国若倭部《わかやまとべ》臣《のおみ》徳太理《とこたり》」という人が、お父さん、お母さんのためにこの菩薩を作ったのだ、と銘文にあるからです。また「壬辰年五月」と台座に記されていて、これを作った年がわかります。壬辰年というのは持統六年（六九二）、七世紀の終わりです。ですから、この仏像がこの地域の標準的な仏像になります。

では、山陰地方にどういう仏像があるのだろうかと見ていくと、鳥取県の大山寺、島根県の鰐淵寺や法王寺に白鳳時代の仏像が残っています。

写真を見ると、結構立派な仏像があると思いませんか。仏教が伝来してから、地方に伝わるまで、百年も遅れるという話をしましたが、「地方に伝わる仏教は大したことない」と思っていらっしゃる方もいますよね。ところが

図1　銅造観音菩薩立像
（所蔵：鰐淵寺、写真提供：島根県立古代出雲歴史博物館）

これらの仏像を見ると、その見方ががらっと変わります。良い仏さんではないですか。

私は美術史の専門ではないのですが、出雲・法王寺《ほうおうじ》観音菩薩立像と伯耆・倭文《しとり》神社菩薩像や大山寺菩薩立像では、三体ともほぼ同型同大で、ぱっと見て、天衣のかけ方や胸飾の副帯の垂れ方、それから仏さんの手の作り方が似ていますよね。ですから、作り方を見ると、恐らく同じ仏師たちが作ったのかなと言われています。

大山寺は伯耆国、現在の鳥取県にあります。それから、鰐淵寺は出雲市、法王寺も出雲市で、大山寺・鰐淵寺は両方とも山の中のお寺です。どうしてここにこのような白鳳時代の仏像があるのかは私にもわかりませんけれども、山陰地方の白鳳時代の仏像は、他の地域と比べて引けを取ることはないです。

さあ、ここからはお寺の話になります。実は飛鳥時代、七世紀の前半は畿内を中心として全国で四六寺ぐらいの数のお寺がありました。それが七世紀後半になると、全国で五四五寺あると『扶桑略記《ふそうりゃっき》』に書いてありますので、実に一〇倍以上に増えるのです。

最初は、大阪とか京都とか奈良が中心ですが、やがて東北から九州まで全国に寺院の造営が広がるのです。面白いことに仏教はお隣りの百済から伝わりましたが、しかし朝鮮半島ではそのようなことはなく、百済の古代寺院は、扶余や益山などの宮都の近くにしかなく、地方に広がることがないのです。ところが、日本では畿内だけでなく、地方にも広がるのです。

最初に話したように、その遺跡が寺院跡であるかどうかと考えるのは、瓦の出土です。もちろん郡家などの役所にも瓦を葺くこともありますので、すべてが寺院ではないのですが、多くは寺院です。

そして、瓦には色々な名称があります。瓦当に文様があるものを軒丸瓦、軒平瓦といいます。日本で最初の瓦といわれている飛鳥寺の軒丸瓦は、百済の軒丸瓦とそっくりです。それはそうです。『日本書紀』や『元興寺《がんごうじ》伽藍《がらん》縁起《えんぎ》并《ならびに》流記《るき》資財帳《しざいちょう》』では、百済から工人が来て、飛鳥寺を造ったと書いてありますから、当然、瓦や色々な技術が似るのは当たり前です。「瓦を作れ」と言われて、今すぐできる人はどのぐらいいますか。瓦の作り方を習わないと、瓦というものはそう簡単にできるものではないです。ですから、作り方、技術が伝わるということは、工人が移動したと考えるのが大前提です。

図2の飛鳥寺から出土した軒丸瓦には、面白いものが二種類あります。花弁の形がハート型になっているものを「花組」といいます。花弁の先端に点が付いているものには、「星組」と名前が付いていて、造った工人が違うことが分かります。

飛鳥寺の軒丸瓦と斑鳩《いかるが》の若草伽藍の軒丸瓦は、良く似ています。

飛鳥寺軒丸瓦星組　飛鳥寺軒丸瓦花組

図2　飛鳥寺の瓦
（所蔵・写真提供：奈良文化財研究所）

これを作った工人グループは、飛鳥寺を造ったあとに若草伽藍の瓦を作ったのです。ですから、瓦を見ていけば、聖徳太子と蘇我馬子は仲が悪くないということがわかります。

**図3**の**5**の軒丸瓦には、花弁の間に珠点が入るのです。これは高句麗、今の北朝鮮の国の瓦の形式です。ですから、ここまでが七世紀前半の瓦ですが、割合シンプルな形になります。

次に山田寺の瓦（**図3の12**）は、外側に何重もの線が廻りますね。花弁には、二重に子葉が置かれるようになります。そして、重弧文《じゅうこもん》の軒平瓦があります。この瓦は、百済大寺に比定される吉備池廃寺の瓦が祖型です。これが地方では、七世紀後半のセットになる瓦です。これも覚えていてください。

注目してほしいのが、**図4**の川原寺の軒丸瓦です。ここのところは複弁といいます。弁の数が二つ二つで八つ並びます。真ん中を中房といいますけれども、蓮の花の蓮子のあるところで、飛鳥寺や山田寺よりも大きくなります。そして外縁には、面違鋸歯文縁《めんたがいきょしもんえん》という文様

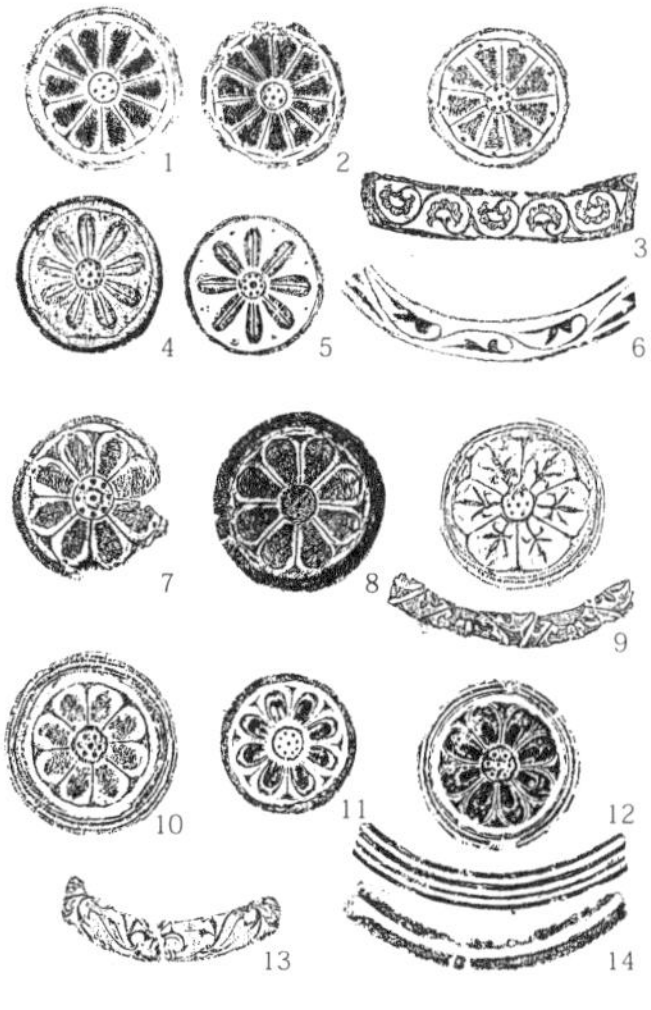

1・2 飛鳥寺　3・9～13 法隆寺　4 平隆寺　5 豊浦寺
6・11 坂田寺　10 法起寺　12 山田寺　14 高井田廃寺

図3　畿内の瓦(1) 7世紀前半
（出典：岡本東三『東国の古代寺院と瓦』吉川弘文館、1996年より）

が施されます。法隆寺と川原寺は、七世紀後半の瓦になります。七世紀後半の法隆寺は、再建されたあとの法隆寺です。若草伽藍ではありません。これが法隆寺式軒丸瓦です。

大宅《おおやけ》廃寺は複弁ですが、鋸歯文縁ではなく雷文縁と言われる外縁で、飛鳥にある紀寺跡から出土した瓦を標識とする、紀寺式軒丸瓦です。七世紀後半の代表的寺院である法隆寺は斑鳩、川原寺は飛鳥。山村廃寺というのは天理市にあります。南滋賀《みなみしが》廃寺だけ少し離れていますけれども大津宮にあり、そしてこの椿市《つばきいち》廃寺は九州の豊前にあります。

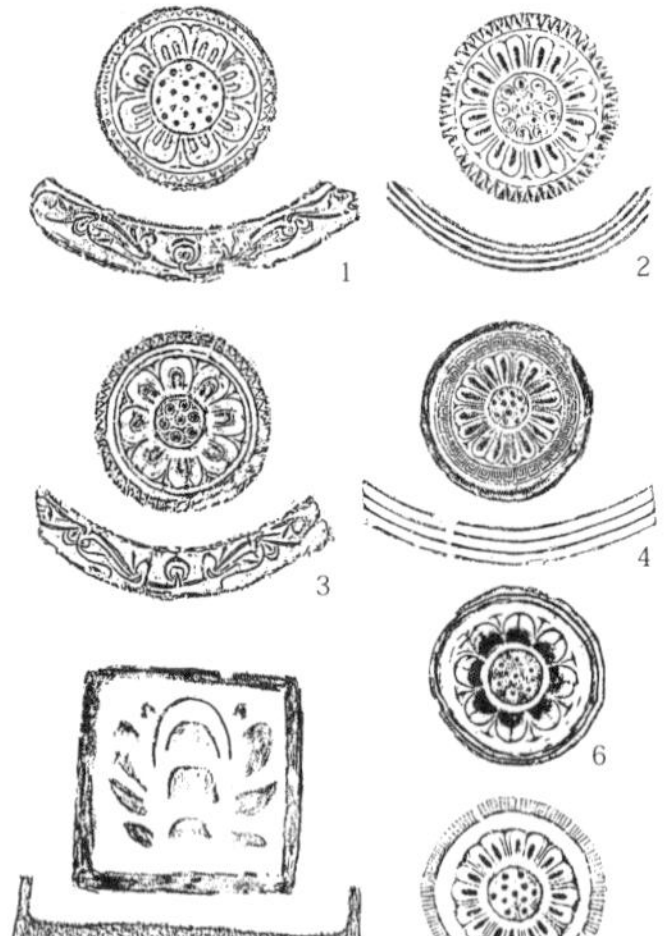


1 法隆寺　2 川原寺　3 山村廃寺　4 大宅廃寺
5・7 南滋賀廃寺　6 椿市廃寺

図4　畿内の瓦(2) 7 世紀後半
（出典：岡本東三『東国の古代寺院と瓦』吉川弘文館、1996年より）

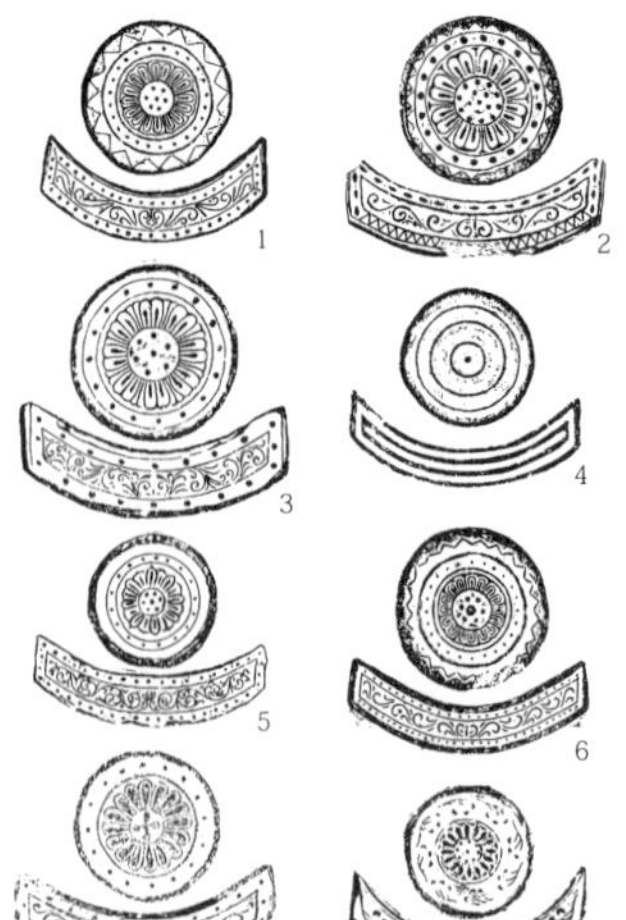


1～6 平城京　7・8 長岡京

図5　畿内の瓦(3) 8 世紀前半
（出典：岡本東三『東国の古代寺院と瓦』吉川弘文館、1996年より）

今は瓦の基本的な説明をしておりますが、この図5の平城宮の瓦は八世紀の瓦です。そうしますと、ぱっと見ただけで、七世紀前半の飛鳥寺とは違います。

今、簡単な瓦の基礎講座を話しましたが、では、山陰地方はどうなのでしょう。図6の因幡国では、鳥取県の東部の瓦で、岩井廃寺の瓦は先ほど言ったバームクーヘン状の重圏文がまわり、岡益廃寺もまわります。寺内廃寺は複弁になってきていますし、珠文も入ってくるから、この辺りは七世紀の末ぐらいから八世紀に入るだろうという見方ができます。

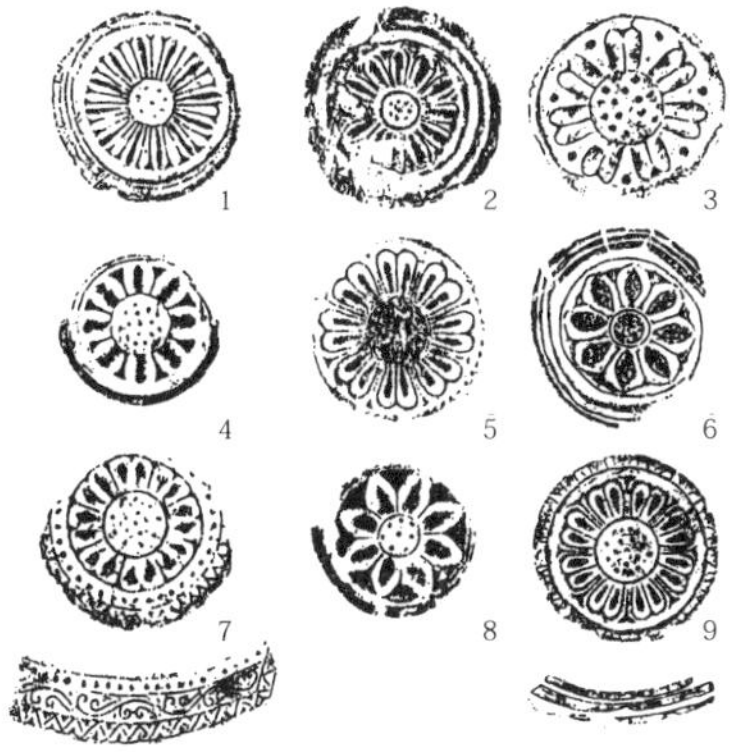

1 岩井廃寺　2 岡益廃寺　3･4 代権寺廃寺　5 等々坪廃寺　6 土師百井廃寺　7 寺内廃寺　8･9 野方･弥陀ヶ平廃寺

図6　山陰地方の瓦⑴因幡国
（出典：三舟隆之『日本古代地方寺院の成立』吉川弘文館、2003年より）

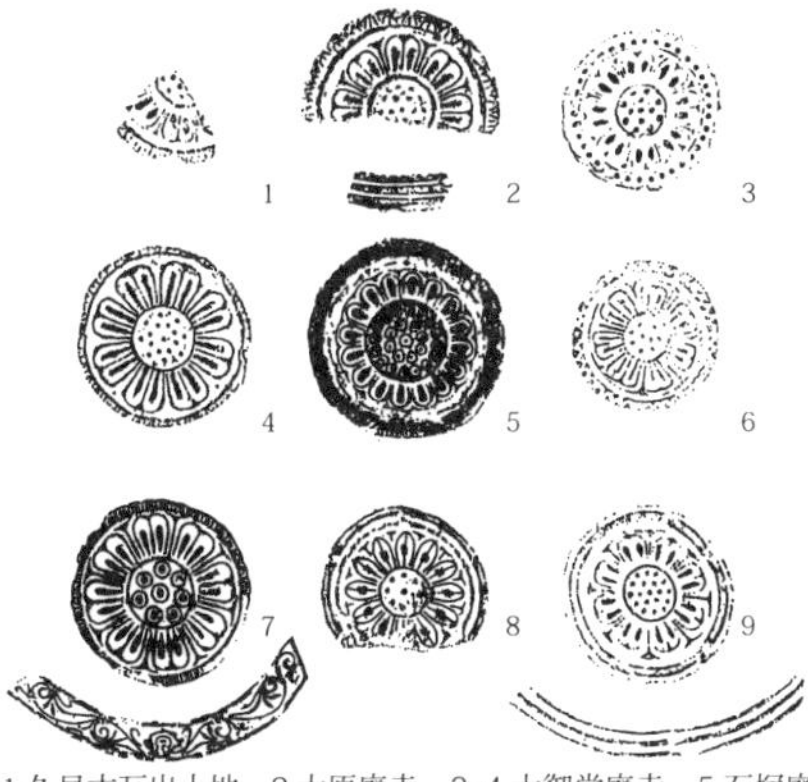

1 久見古瓦出土地　2 大原廃寺　3･4 大御堂廃寺　5 石塚廃寺　6 藤井谷廃寺　7 斎尾廃寺　8 上淀廃寺　9 大寺廃寺

図7　山陰地方の瓦⑵伯耆国
（出典：三舟隆之『日本古代地方寺院の成立』吉川弘文館、2003年より）

伯耆国は、鳥取県の西部になります。大原廃寺、大御堂《おおみどう》廃寺、石塚廃寺、藤井谷廃寺などは倉吉市周辺にあります。大原廃寺は、川原寺式軒丸瓦です。大御堂廃寺も川原寺式、時期は七世紀後半です。石塚廃寺は、外縁が異なりますので、時期は少し遅れるかな、と思います（図7）。

注目してほしいのは、斎尾《さいのお》廃寺です。ここも先ほど言った雷文が付いており、大和の紀寺式軒丸瓦です（図7の7）。

一方、上淀《かみよど》廃寺は、川原寺式や紀寺式とは違って、畿内の影響はありません。花弁があって、ここに縞があり、花弁の中央に半球状の隆起があるのが、上淀廃寺式軒丸瓦の特徴になります（図7の8）。

その次に出雲の瓦です。今日の話のテーマ、新造院に関わってくる寺院の瓦になります。図8を見て下さい。畿内の飛鳥寺のような、半島から直輸入したような瓦はありますでしょうか。それから、山田寺式、川原寺式といったような畿内の寺院の系統の瓦はありますでしょうか。

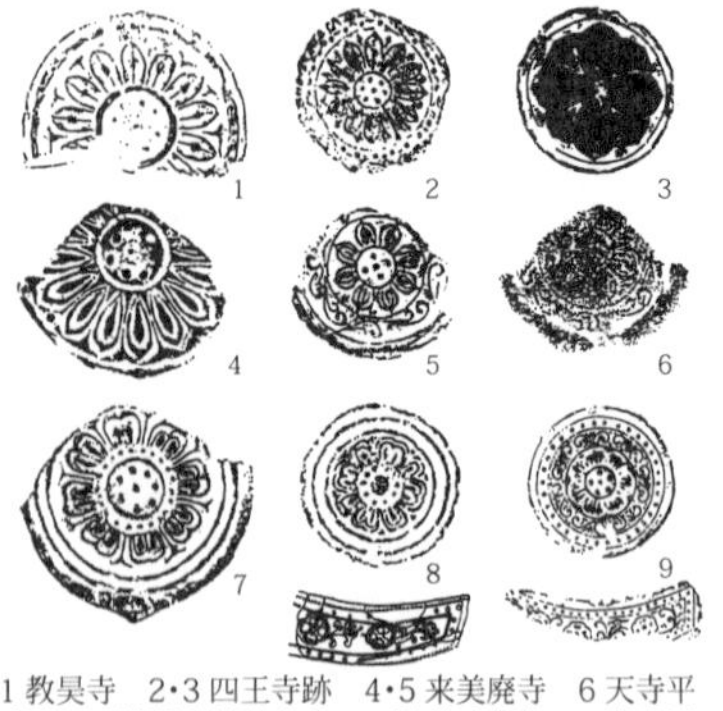


1 教昊寺　2・3 四王寺跡　4・5 来美廃寺　6 天寺平廃寺　7 神門寺境内廃寺　8 長者原廃寺　9 出雲国分寺

図8　山陰地方の瓦(3)出雲国
（出典：三舟隆之『日本古代地方寺院の成立』吉川弘文館、2003年より）

見ていただくと、まず、教昊寺跡（野方《のかた》廃寺）というお寺です。「あれ、この瓦はどこかで見ていないか」と気づかれたと思いますが、実は伯耆の上淀廃寺式の軒丸瓦です（図8の1）。ですから、上淀廃寺から影響を受けています。そしてこれが出雲のほうに広がっています。これが図に挙げている出雲国内の瓦の中で一番古い瓦になります。

なぜならば、上淀廃寺からは、「癸未《きび》年」という文字が書かれた文字瓦が出てきて、作った年代がわかるのです。「癸未年」は六八三年と考えられますから、教昊寺は早くても七世紀の末から八世紀の初め頃に造られたということが、この瓦から分かります。

ここで最初に、新造院のところで、「教昊寺を建てたのは、あの人のおじいさんだった」といいましたが、「あれ、教昊寺は七世紀の末の建立かな」ということを頭の片隅においていただけると助かります。

その次に面白いのが、神門寺境内廃寺《かんどじけいだい》です（図8の7）。これは複弁があって、外縁に圏線がまわっていますから、少し川原寺式に似ているなという感じはします。ところが軒丸瓦の下部はみんな丸いのに、なぜかここだけ尖っています。これは「水切り」といわれていますが、なぜこういう三角状の突起を作ったのか分かりません。これがどこから出てくるのかというと、実は備後国です。広島県の三次市の、山の中に寺町《てらまち》廃寺というのがあります。出雲市から川を上っていけば備後に行きますから、そこから工人が来て作ったのでしょうか。先ほども言ったように、瓦というのは自分ではできません。これには誰か教えてくれる人が来ています。あるいは少なくともその瓦の笵を持って来た人がいたのでしょう。ということは、教昊寺跡の瓦を造る際には伯耆の人が来ていた。神門寺境内廃寺は出雲市にありますが、このお寺は広島県、備後の人たちが来たのだと理解出来ます。

そうすると、出雲では畿内から直接影響を受けた瓦はなく、二次的な瓦、すなわち隣国のほうから来ている瓦が多いということです。

また、来美廃寺や天寺平廃寺の軒丸瓦には、蓮花文《れんげもん》の花弁の外に唐草文がめぐります（図8の4〜6）。これは、出雲国分寺の軒丸瓦をモデルとしたものでしょう。

このように出雲の瓦は畿内から来ていないことが、軒丸瓦の瓦当の文様からわかります。文様から見ても瓦の年代は、教昊寺は七世紀末から八世紀初めかもしれませんが、あとは全部八世紀前半になります。出雲国分寺跡の瓦は、八世紀の後半になります。

整理しますと、教昊寺跡、四王寺跡、そして来美廃寺は「新造院」に比定されています。そして天寺平廃寺、神門寺境内廃寺も同様です。その創建時期は、教昊寺は七世紀末から八世紀の初め。四王寺跡や神門寺境内廃寺は八世紀の初頭から前半。来美廃寺は八世紀の前半から八世紀の後半にかけてお寺が造られています。また、天寺平廃寺は八世紀の後半になるかと思います。

さあ、今度は寺院の建物です。伽藍配置というのは何かというと、塔、金堂、講堂やその他の建物の配置ですが、とくに塔、金堂、講堂の三つの建物では、並び方があるのです。

図9を見てもらいますと、日本最古の寺院である飛鳥寺は、塔を三つの金堂が囲む一塔三金堂式で、高句麗の清岩里《せいがんり》廃寺と似ています。飛鳥寺は、現在中金堂しかありません。本尊の丈六仏は火災に遭っていますが、顔や指の一部が当時のものです。また大阪の四天王寺は正面からみて、塔と金堂と講堂が一直線になります。これは百済の定林寺《じょうりんじ》址と一緒です。四天王寺は何度か火災に遭い、再建されていますが、建物の位置は変わらないとされています。山田寺もそうです。四天王寺とは、回廊という廊下が講堂に付くか付かない

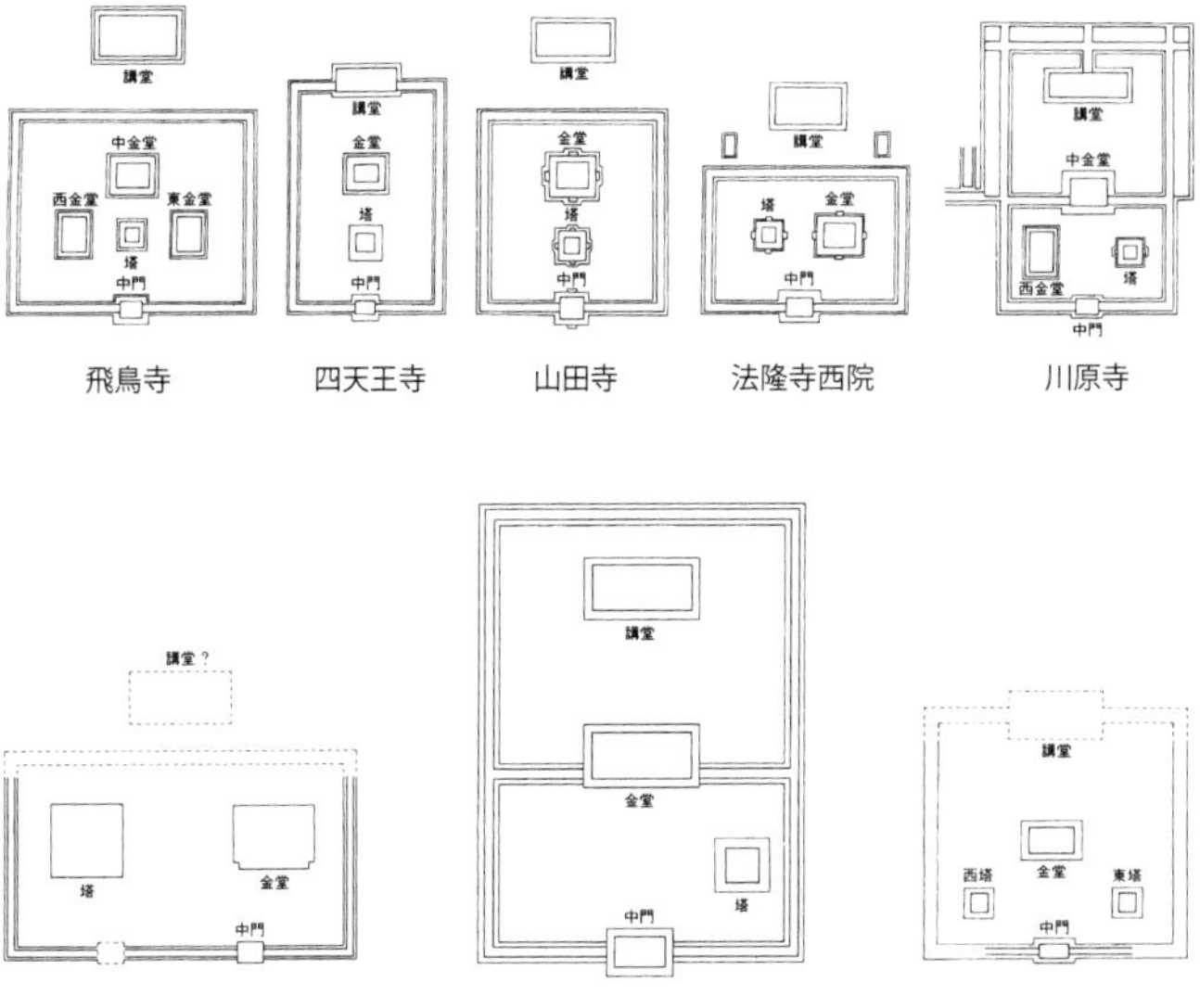


図9　畿内の伽藍配置図
（出典：『吉備池廃寺発掘調査報告書』奈良文化財研究所、2003年より）

かの違いがあります。ここまでは七世紀前半の伽藍配置です。

そして現存する最古の寺院は、世界最古の木造建築である奈良の法隆寺です。法隆寺は、中門から入って、塔が左側、金堂が右になります。このように並ぶのが法隆寺式伽藍配置といいます。実は吉備池廃寺が発見されて、舒明天皇が造った百済大寺だということが推定されています。これもやはり塔と金堂が並ぶ法隆寺式伽藍配置と同じですが、吉備池廃寺の方が古いので、我々は法隆寺式と呼びますけれども、本来は吉備池廃寺式と呼ぶべき伽藍配置でしょう。この塔と金堂の位置が法隆寺式伽藍配置と反対になるのを、法起寺式伽藍配置といいます。山陰地方は、この法起寺式伽藍配置が多いです

そして川原寺は金堂が二つあり、西金堂は塔と並びます。この二つの伽藍配置は、七世紀後半になります。そして、大官大寺式伽藍配置が七世紀の末で、金堂が中心になって塔は中心から外れます。ここにまた西塔ができれば薬師寺になります。本薬師寺というのは飛鳥にあり、今は礎石だけしかありません。これが大体七世紀の伽藍配置です。

ですから、瓦のほかには、お寺を建てるときには設計図が必要になります。そこで次に、山陰地方の伽藍配置（図10）を見てみましょう。

まず四天王寺式伽藍配置を採る寺院は、倉吉市の石塚廃寺です。四天王寺式伽藍配置は七世紀前半の伽藍配置ですが、なぜか石塚廃寺で採用されています。石塚廃寺は瓦の年代から七世紀末です。

次に法隆寺式伽藍配置は西が塔、東が金堂で、斎尾廃寺で採用されています。そして倉吉市の大御堂廃寺は、塔が東で金堂が西ですが、これは川原寺式の少し亜流の観世音寺式になります。観世音寺は大宰府にあります。同じ倉吉市の大原廃寺は大御堂廃寺と異なり、塔が東、金堂が西の法起寺式です。法起寺式伽藍配置は因幡国では、岩井廃寺・岡益《おかます》廃寺・土師《はじ》百井《ももい》廃寺などで、伯耆でも大寺廃寺などが採用していて、山陰地方では多い伽藍配置です。

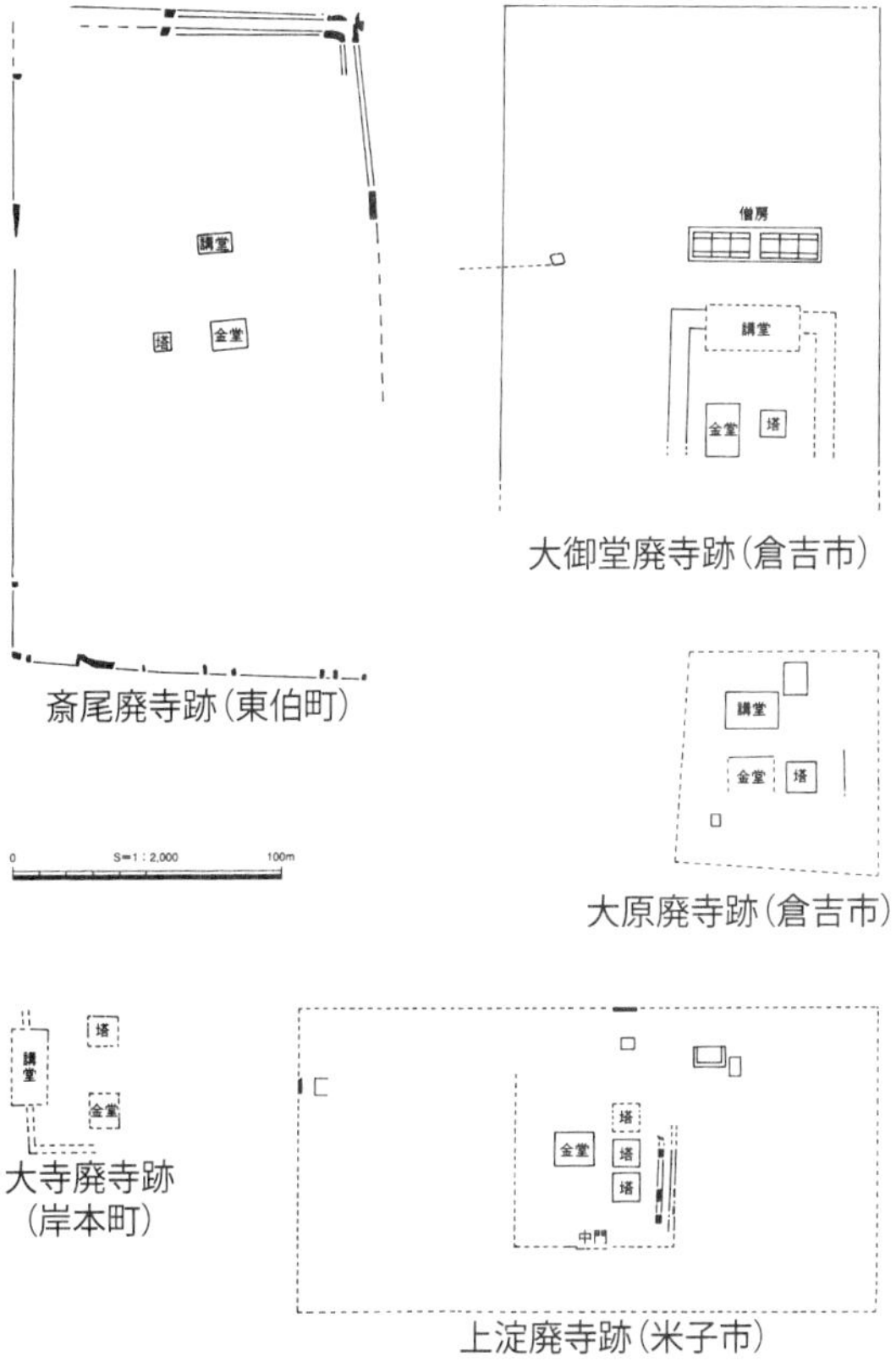


図10 山陰地方の伽藍配置図
（出典：『上淀廃寺跡Ⅳ』淀江町教育委員会、2004年より）

上淀廃寺は、復元されていますので、少し分かりやすいと思います。ここは何が面白いかというと、金堂があってここに塔があれば、これは法起寺式になります。ところが、もう一個塔があるのです。さらに、造りかけた塔があって、塔を三つも造っています。一般に塔というのは登るものではなくて、見るものなのです。こんなに三つ造る例は、他にはありません。

出雲国では、来美廃寺跡、これは山代郷の新造院です。ここは金堂があります。東の塔、西の塔と、ここも塔が二つあるのです。来美廃寺では、最初に金堂を造ります。一般に古代の寺院では、最初に金堂を造ります。お寺で何が大事かといったら、やはり金堂に入る仏様が中心ですよね。

来美廃寺では、次に東の塔を造りました。そして西の塔を造って、最後に講堂という、お経を写したり、勉強する場所ができるのです。ただ、このお寺は、すごく狭いところなのです。ここにわざわざスペースを造っていますから、最初から塔を二つ造るつもりでいます。そして金堂を造り、東の塔を造り、西を造っていくという、順番になっています。

では、ここからは個別の寺院を見ていきましょう。先に話した斎尾廃寺（図11）は、鳥取県の東伯郡琴浦町にあります。軒丸瓦の外周の文様を雷文といい、大和の紀寺式になります。蓮花文は複弁になり、中房が表現され、これは蓮の花を上から見た図になります。伽藍配置は西に塔、東に金堂が配置でされる法隆寺式伽藍配置です。

塑像の仏頭が出土しています。これは川原寺や滋賀の雪野寺というところからも出てきますが、鳥取でも良いのが出ています。また仏様の頭に載っている螺髪という、仏像の髪の毛を表現したものも出土しています。この螺髪の大きさから、仏像の大きさがわかります。この大きさだと、丈六仏でしょう。丈六仏というのは一丈六尺です。一丈六尺がどのぐらいあるかというと、四メートル八〇センチです。

しかし、四メートル八〇センチとは高いので、仏様には座っていただきます。そうすると二メートル四〇センチです。しかし、それでも大きいですよね。そういうことが、この遺物からわかります。斎尾廃寺には、こういうものを作っていく技術、それからこういう法隆寺式伽藍配置。やはりこれは畿内

図11　伯耆国　鳥取県斎尾廃寺出土品
（所蔵・写真提供：右上・京都国立博物館、左上・琴浦町教育委員会、下・奈良国立博物館（撮影：佐々木香輔））

から技術者などが来ないとできないのではないかな、という気がします。

その次は、米子市淀江町の上淀廃寺（図12）になります。目の前は恐らく潟湖といって、昔はラグーンで、船が直接来るような場所です。そこに、塔が三つ建てられています。南の塔、真ん中の塔、そして造りかけの北の塔です。なぜ三つも塔を並べたのかでしょうか、私にもわかりません。

金堂の基壇は、化粧で瓦積みの化粧基壇です。これは朝鮮半島の技術と言われています。そして、軒丸瓦は、蓮弁の真ん中に半球状の膨らみがあります。これが七世紀末の、六八〇年ぐらいの創建瓦です。そして螺髪《らほつ》も出土しています。斎尾廃寺と同じ大きさですから、丈六仏です。

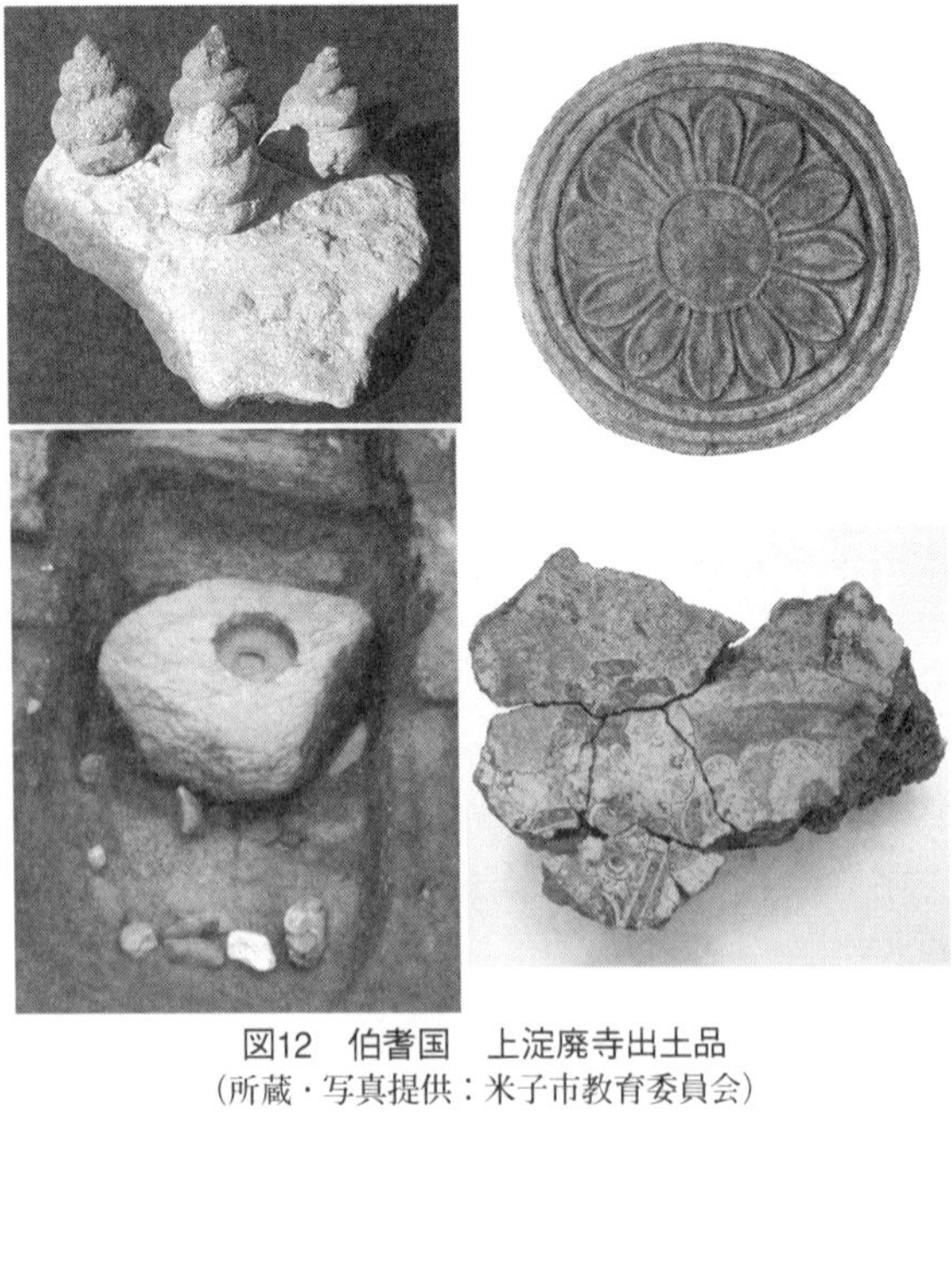

図12　伯耆国　上淀廃寺出土品
（所蔵・写真提供：米子市教育委員会）

そして、やはり上淀廃寺を有名にしたのは壁画です。これは神将図《しんしょうず》だけではなくて、天女ですとか樹木とか色々あります。浄土変相図《じょうどへんそうず》というのですが、それをモデルにしています。壁画の年代は、高松塚古墳や法隆寺金堂壁画と同時代になります。それがこのお寺の中にあったということです。ですから、地方の寺院が中央に劣っているということは、あまり言えないのではないかと思います。高い技術を地方寺院は持っているのです。先ほど写真で見た仏像は、典型的な白鳳仏ですけれども、あれが五体も六体も山陰地方にはあるというのは、それだけやはり仏教に対する憧れが強いということです。山陰地方の寺院は、そんなに悪くないと思います。

次に行きます。ようやく出雲に辿り着きました。山代郷の南新造院に比定される四王寺跡は、基壇の跡と、もう一つ掘立柱建物跡があって、恐らく金堂跡と講堂跡と思われます。

図13　来美廃寺遺構配置図
（出典：『山代郷北新造院跡』島根県教育委員会、2007年より）

実はこの新造院は、従

来は「厳堂」とされていましたが、細川家本の『出雲国風土記』に従えば「教堂」とあって、「教える堂」ですから、講堂になります。近くに瓦の窯跡もありますので、瓦はそこから供給されたのでしょう。

先ほども話した来美廃寺（図13）では、面白いのは、来美廃寺の仏像の三尊像の台座（図14）です。真ん中が本尊です。須弥壇《しゅみだん》といいますが、ここに置かれるのは脇侍です。礎石に穴が開いており、差していく。これが見つかった例というのはそんなに多くないです。

それから急斜面のところを平たくして金堂を造って、さらに東の塔、西の塔を造っているのです。普通だったら平たいところに造るが便利ですよね。しかし、わざわざここを造成して造っています。しかも、東に塔、金堂、西に塔ときちんと計画していています。しかし古代のお寺を造る、一般的な立地ではありません。

図14　来美廃寺　金堂須弥壇跡
（著者撮影）

そこで、私はこう考えています。来美廃寺の背後に山があったら、山岳寺院、山寺になります。しかし来美廃寺の背後は丘なので、ここは信仰の場ではありません。ところが目の前に山がある。これが神名火山なのです。この山の向こうへ行くと、出雲国府と国分寺がありますですから、国府の方からから見えるこの神名火山は、実は来美廃寺の仏様も見ているというところに意味があるのではないかな、と私は宗教史的に考えてしまいます。

ですから、「新造院」は定額寺だとか色々な説がありますが、もっと宗教的な景観を大事にすべきではないでしょうか。お寺の景観、それから立地。やはり山岳信仰と仏教は関係するのかなと思います。仏教がただちに入るのではなくて、山の信仰とか、そういうものと結びついて入っていった。大事な点は何かというと、神様と仏様は喧嘩しないのです。そういう場所に、来美廃寺というのがあります。

では最後に、「新造院」とは何か、まとめてみたいと思います。今見てもらった出雲とほかの山陰地方の古代寺院と何が変わるかというと、出雲の古代寺院には、畿内系の瓦がない。それから、畿内系の寺院の伽藍配置もない。伽藍配置がわかるのは、唯一来美廃寺だけですが、しかも塔が二つ並ぶのです。現在の見解では、地方に行けば行くほど、都から離れれば離れるほど、塔の数が増えるという傾向があるといわれています。ですから、そういう意味では、出雲国の古代寺院は、在地色という、その地域の特徴が強いのではないかと思います。

## 三、まとめ

『出雲国風土記』の「新造院」は、地方寺院の実態をよく示す史料だということで、古代寺院の研究では良く使われます。しかし、実際に歩いて見てみると、少し違うのではないかなという気がします。

先ほど「教昊寺」についてお話ししましたが、寺の名前はお坊さんの名前です。ところが、地方寺院でお坊さんの名前が付くお寺は、そう多くないです。ほかには一つ、二つあるだけです。では、ほかのお寺の名前は何かというと、多いのは地名なのです。『日本霊異記《にほんりょういき》』の上巻の七縁は、先ほどの神門寺境内廃寺に影響を与えた寺町廃寺の話なのですが、説話で登場する「三谷寺」に比定されています。それは三谷郡という郡にあるから、その郡の名前がお寺の名前になっています。このような郡名寺院の例はたくさんあります。また仏様の名前がつく寺院もあります。「千手寺」とか、「観音寺」とかになります。しかし、坊さんの名前が出てくるのは、この「教昊寺」ぐらいしかないのです。

それから、私が今日最後にまとめとして言いたいのは、『出雲国風土記』の記載と実際の寺院跡の発掘調査の結果というのが、合わないのではないかということです。先ほど言ったように、「教昊寺」は、瓦の年代からいうと、どんなに早くても六九〇年代の建立です。しかし、一代を三〇年とみて天平五年（七三三）から「祖父」の代を計算すると、その年代と瓦の年代が合わないのではないかということです。

また、出雲郡の河内郷の新造院に比定される天寺平廃寺は、八世紀の後半です。八世紀の後半というのは、七三三年に『出雲国風土記』ができていたら載っていません。そして方位も違う、距離も違う、年代も違うというところで、天寺平廃寺は出雲郡の河内郷の新造院ではないと考えます。そうすると、出雲郡の河内郷の新造院は、どこにあるのでしょうか。これは難しい問題なのですが、まだ瓦が見つかっていない、遺跡が見つかっていないということもあるかもしれません。しかし、天平五年の段階で一一の新造院があると『出雲国風土記』には書いてありますけれども、遺跡の上で、『出雲国風土記』成立以前の時期の瓦が見つかっている遺跡は、一一遺跡もないということです。

そうすると、どう考えたほうが良いのかでしょうか。風土記を作るというのは、和銅六年（七一三）に「風土記を作りなさい」という詔が出ます。それによって、二〇年後にできたのが『出雲国風土記』と考えられています。ですが、これは今、あまりその説をとる人はいないのですが、延長三年（九二五）にも「風土記を作れ」という命令が出ているのです。今、私が気になるのは、この本文の注記のところです。この注記は、一体誰が付けたのかということです。これは注記で本文ではありませんから、あとでこれを付け足したのだろうと。誰が付け足したのかは、少し考えなければいけないと思います。

先ほどお話しした山代郷北新造院は、来美廃寺に比定されていますが、天平五年の段階で存在していたのは金堂だけであったことが、発掘調査の結果からわかっています。ところが『出雲国風土記』のここの注記には、建立者の日置君目烈について、「出雲神戸日置君猪麻呂の祖」とあります。どれくらい離れた祖先なのでしょうか。これを天平五年として、来美廃寺の年代を考えれば、ほぼ同時期と考えざるを得ません。おかしな話です。それは、出雲郡の「新造院」の「今大領佐底麿之祖父」でも同じです。

とくに神門郡の古志郷の新造院です。「本は厳堂を建つ」という注記がありますが、それは「元は金堂が有ったが、今はない」ということです。金堂は寺院の中心建物です。では、どんな建物が他にあったのでしょうか。天平五年の段階で、そんなことがあるのでしょうか。

それから、「新造院」という名前です。「新たに造れる」というのは、何かの基準があって造っていくことになります。それは何でしょうか。天平五年の段階では、この「新造院」の年代に合わないという遺跡は、いくつかあるのです。『出雲国風土記』の「新造院」というのは、名前にしても比定される遺跡にしても、さらに注記の問題にしても、まだまだ考えていく必要があります。

最初にお話ししたように、「新造院」は、定額寺だとか、寺院併合令とかを結び付けて考えるべき問題ではないと私は思っています。古代史の研究者はすぐ国家と結び付けて、「国家の政策が地方にも反映する」

図15　青木遺跡　神像と絵馬
（写真提供：島根県埋蔵文化財調査センター）

とみますが、しかし、本来、『出雲国風土記』のような地域史は、やはり地域の中で実像を考えていくべきではないのかなと思います。

最後になりますが、その中で面白いのは、最近発見されました青木遺跡です。ここに掘立柱建物跡があって、「これが神社跡ではないか」と言われています。

特に、神像、絵馬が出土しています（図15）。この神像が八世紀のものであるかどうかはまだ色々議論もありますが、こういうところから神様に関係する遺物が出土しています。

また、この青木遺跡の少し離れたところにある山持遺跡では、板絵が出土しています。四号板絵は女性が描かれています（図16）。頭の周辺に丸いのが見えますが、これが光背《こうはい》であれば吉祥天像《きちじょうてんぞう》が考えられます。そうすると、ここで吉祥悔過《きちじょうけか》が行われていた可能性があります。これは正月に行う儀礼で、この儀礼では吉祥天に懺悔するのですけれども、災難が来ないようにとか、幸福が来ますようにとか、食べ物がたくさんありますようにとか、こういう現世利益を仏様にお願いしていたと思われます。ですから、

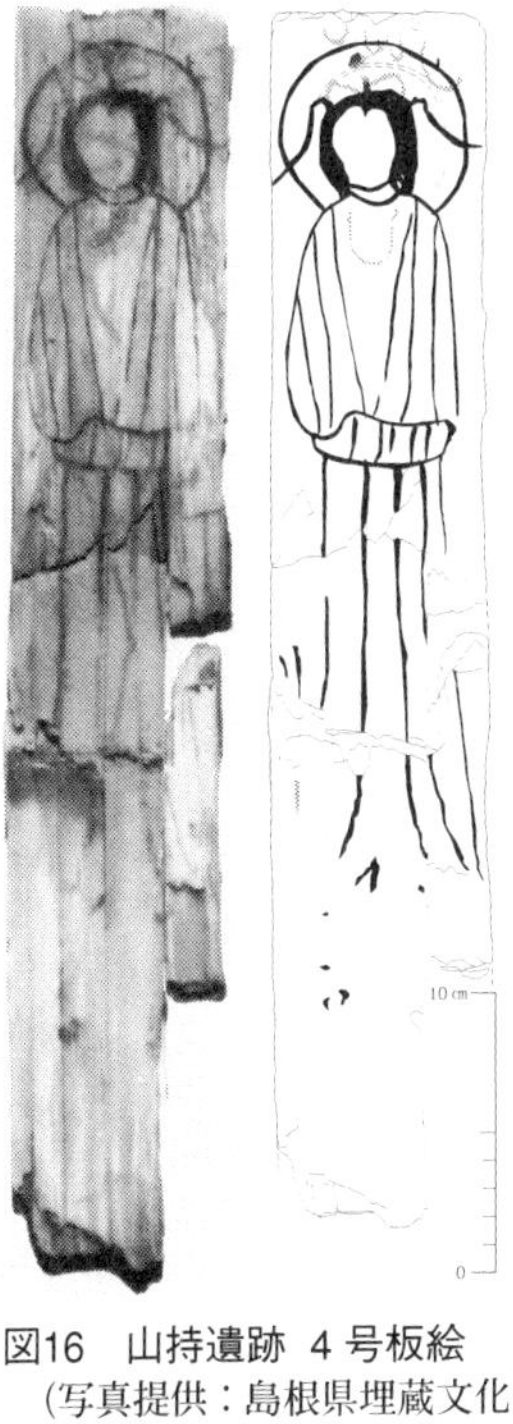

図16　山持遺跡 4号板絵
（写真提供：島根県埋蔵文化財調査センター）

神様と仏様は喧嘩しないで、在地では共存していたのかなと思います。

出雲国というのは、神様の国だと思って、みなさんも必ず出雲大社には行きますよね。『出雲国風土記』でも、やはり神様の話は多いです。しかし、実は仏様も同じように奈良時代には出雲国に入っていました。ただ、先ほども言ったように、出雲は少しほかの地域とは違います。やはり時期では、すこし遅れます。

これはやはり、神様の力が強かったからでしょうか。同じように、和歌山の紀伊国名草郡《なくさぐん》の日前國懸《ひのくまくにかかす》神社ですとか、常陸の香取神宮・鹿島神宮、香取とか鹿島という、そういう神様の強い神郡のところは、あまり古い古代寺院がないのです。同じように、出雲みたいに神様の強いところというのは、仏教が入ってくるのが遅れるのかなという感じはあります。ところが、入ってきたらほかと変わらず、地域に広がって行きます。

山代郷の南新造院である四王寺跡を建立したとされる出雲臣弟山は、出雲国造家ですよね。その弟山というのが新造院を造ってから、出雲国内ではこの四王寺系の軒丸瓦が出雲国内に急に増えていく傾向があるので、仏教の広がりには、やはり国造家の力は大きかったと思われます。

そこで出雲の仏教で注目されているのは、平安時代の仏像です。この間仏像展が開催されていましたけれども、良い木造の仏像さんが多いのです。

そして仏教は、やがて山岳信仰と結びついていきます。鰐淵寺が良い例です。出雲でも、だんだん仏教が優勢になってくるのです。
ご静聴、ありがとうございました。

山陰文化ライブラリー
16


古代《こだい》出雲《いずも》ゼミナールⅥ
――古代《こだい》文化《ぶんか》連続《れんぞく》講座《こうざ》記録集《きろくしゅう》――

二〇二〇年一月三十一日　初版発行

刊行　島根県・島根県教育委員会

編集　島根県古代文化センター

販売　ハーベスト出版
〒六九〇-〇一三三
島根県松江市東長江町九〇二-五九
TEL　〇八五二-三六-九〇五九
FAX　〇八五二-三六-五八八九

印刷・製本　株式会社谷口印刷

定価はカバーに表示してあります。
落丁本、乱丁本はお取替えいたします。
Printed in Japan
978-4-86456-325-3 C0021

## 「山陰文化ライブラリー」刊行のことば

人類は言語をもち、文字をもち、思考と記憶の伝達手段を手に入れて発達を遂げてきました。そして紙を発明し、約五百五十年前には活版印刷を発明し、知識の伝達は飛躍的に増大しました。

近年では、インターネットなど電子的メディアが急速に進歩し、これらは人類にとってさらに大きな恩恵をもたらしています。しかし、これら新しい情報伝達手段は、従来の方法にとってかわるものではなくて、むしろ選択肢を増やしたというべきです。紙の本は、依然として欠くことのできない媒体であることには変わりがありません。

人が住む地域それぞれには、アイデンティティがあり生活や文化、歴史が存在します。山陰にもこの地域ならではの生活や文化、歴史が存在します。この連綿とした人々の営みを書物という媒体に託して伝えていきたい。このシリーズの刊行にあたり、この地域を愛し、この地域のことを知りたいと思う読者に末永く愛されることを願ってやみません。

平成二三年十月一日

谷口博則